PREFACIO

La colección de guías de conversación para viajar "Todo irá bien" publicada por T&P Books está diseñada para personas que viajan al extranjero para turismo y negocios. Las guías contienen lo más importante - los elementos esenciales para una comunicación básica.Éste es un conjunto de frases imprescindibles para "sobrevivir" mientras está en el extranjero.

Esta guía de conversación le ayudará en la mayoría de los casos donde usted necesite pedir algo, conseguir direcciones, saber cuánto cuesta algo, etc. Puede también resolver situaciones difíciles de la comunicación donde los gestos no pueden ayudar.

Este libro contiene una gran cantidad de frases que han sido agrupadas según los temas más relevantes. Esta edición también incluye un pequeño vocabulario que contiene alrededor de 3.000 de las palabras más frecuentemente usadas.Otra sección de la guía proporciona un glosario gastronómico que le puede ayudar a pedir los alimentos en un restaurante o a comprar comestibles en la tienda.

Llévese la guía de conversación "Todo irá bien" en el camino y tendrá una insustituible compañera de viaje que le ayudará a salir de cualquier situación y le enseñará a no temer hablar con extranjeros.

TABLA DE CONTENIDOS

Pronunciación   5
Lista de abreviaturas   7
Guía de conversación Español-Sueco   9
Vocabulario temático   73
Glosario gastronómico   195

T&P Books Publishing

Guía de conversación Español-Sueco y vocabulario temático de 3000 palabras

por Andrey Taranov

La colección de guías de conversación para viajar "Todo irá bien" publicada por T&P Books está diseñada para personas que viajan al extranjero para turismo y negocios. Las guías contienen lo más importante - los elementos esenciales para una comunicación básica. Éste es un conjunto de frases imprescindibles para "sobrevivir" mientras está en el extranjero.

Este libro también incluye un pequeño vocabulario temático que contiene alrededor de 3.000 de las palabras más frecuentemente usadas. Otra sección de la guía proporciona un glosario gastronómico que le puede ayudar a pedir los alimentos en un restaurante o a comprar comestibles en la tienda.

T&P Books Publishing
www.tpbooks.com

ISBN: 978-1-78616-905-1

Este libro está disponible en formato electrónico o de E-Book también.
Visite www.tpbooks.com o las librerías electrónicas más destacadas en la Red.

PRONUNCIACIÓN

La letra	Ejemplo sueco	T&P alfabeto fonético	Ejemplo español
Aa	bada	[a], [ɑː]	altura
Bb	tabell	[b]	en barco
Cc [1]	licens	[s]	salva
Cc [2]	container	[k]	charco
Dd	andra	[d]	desierto
Ee	efter	[e]	verano
Ff	flera	[f]	golf
Gg [3]	gömma	[j]	asiento
Gg [4]	truga	[g]	jugada
Hh	handla	[h]	registro
Ii	tillhöra	[iː], [ɪ]	rápido
Jj	jaga	[j]	asiento
Kk [5]	keramisk	[ɕ]	China
Kk [6]	frisk	[k]	charco
Ll	tal	[l]	lira
Mm	medalj	[m]	nombre
Nn	panik	[n]	número
Oo	tolv	[ɔ]	costa
Pp	plommon	[p]	precio
Qq	squash	[k]	charco
Rr	spelregler	[r]	era, alfombra
Ss	spara	[s]	salva
Tt	tillhöra	[t]	torre
Uu	ungefär	[u], [ʉː]	esturión, lucha
Vv	overall	[v]	travieso
Ww [7]	kiwi	[w]	acuerdo
Xx	sax	[ks]	taxi
Yy	manikyr	[y], [yː]	nocturna
Zz	zoolog	[s]	salva
Åå	sångare	[ə]	llave
Ää	tandläkare	[æ]	vencer
Öö	kompositör	[ø]	alemán - Hölle

La letra	Ejemplo sueco	T&P alfabeto fonético	Ejemplo español

Las combinaciones de letras

La letra	Ejemplo sueco	T&P alfabeto fonético	Ejemplo español
Ss [8]	sjösjuka	[ʃ]	shopping
sk [9]	skicka	[ʃ]	shopping
s [10]	först	[ʃ]	shopping
J j [11]	djärv	[j]	asiento
Lj [12]	ljus	[j]	asiento
kj, tj	kjol	[ɕ]	China
ng	omkring	[ŋ]	manga

Comentarios

[*] **kj** se pronuncia como
[**] **ng** tranfiere un sonido nasal
[1] delante de **e, i, y**
[2] en el resto de los casos
[3] delante de **e, i, ä, ö**
[4] en el resto de los casos
[5] delante de **e, i, ä, ö**
[6] en el resto de los casos
[7] en palabras prestadas
[8] en **sj, skj, stj**
[9] delante de **e, i, y, ä, ö** en posición tónica
[10] en la combinación **rs**
[11] en **dj, hj, gj, kj**
[12] al principio de una palabra

LISTA DE ABREVIATURAS

Abreviatura en español

adj	-	adjetivo
adv	-	adverbio
anim.	-	animado
conj	-	conjunción
etc.	-	etcétera
f	-	sustantivo femenino
f pl	-	femenino plural
fam.	-	uso familiar
fem.	-	femenino
form.	-	uso formal
inanim.	-	inanimado
innum.	-	innumerable
m	-	sustantivo masculino
m pl	-	masculino plural
m, f	-	masculino, femenino
masc.	-	masculino
mat	-	matemáticas
mil.	-	militar
num.	-	numerable
p.ej.	-	por ejemplo
pl	-	plural
pron	-	pronombre
sg	-	singular
v aux	-	verbo auxiliar
vi	-	verbo intransitivo
vi, vt	-	verbo intransitivo, verbo transitivo
vr	-	verbo reflexivo
vt	-	verbo transitivo

Abreviatura en sueco

pl	-	plural

Artículos en sueco

den	-	género neutro
det	-	neutro
en	-	género neutro
ett	-	neutro

T&P BOOKS

GUÍA DE CONVERSACIÓN SUECO

Esta sección contiene frases
importantes que pueden
resultar útiles en varias
situaciones de la vida real.
La Guía le ayudará a pedir
direcciones, aclaración
sobre precio, comprar billetes,
y pedir alimentos en un
restaurante

T&P Books Publishing

CONTENIDO DE LA GUÍA DE CONVERSACIÓN

Lo más imprescindible	12
Preguntas	15
Necesidades	16
Preguntar por direcciones	18
Carteles	20
Transporte. Frases generales	22
Comprar billetes	24
Autobús	26
Tren	28
En el tren. Diálogo (Sin billete)	30
Taxi	31
Hotel	33
Restaurante	36
De Compras	38
En la ciudad	40
Dinero	42

Tiempo	44
Saludos. Presentaciones.	46
Despedidas	48
Idioma extranjero	50
Disculpas	51
Acuerdos	52
Rechazo. Expresar duda	53
Expresar gratitud	55
Felicitaciones , Mejores Deseos	56
Socializarse	57
Compartir impresiones. Emociones	60
Problemas, Accidentes	62
Problemas de salud	65
En la farmacia	68
Lo más imprescindible	70

T&P Books Publishing

Perdone, …	**Ursäkta mig, …** [ʉ:'ʂɛkta mɛj, …]
Hola.	**Hej** [hɛj]
Gracias.	**Tack** [tak]

Sí.	**Ja** [ja]
No.	**Nej** [nɛj]
No lo sé.	**Jag vet inte.** [ja vet 'intə]
¿Dónde? | ¿A dónde? | ¿Cuándo?	**Var? I Vart? I När?** [var? | va:ʈ? | nɛr?]

Necesito …	**Jag behöver …** [ja be'høvər …]
Quiero …	**Jag vill …** [ja vilʲ …]
¿Tiene …?	**Har du …?** [har dʉ: …?]
¿Hay … por aquí?	**Finns det … här?** [fins dɛ … hæ:r?]
¿Puedo …?	**Får jag … ?** [for ja: …?]
…, por favor? (petición educada)	**…, tack** […, tak]

Busco …	**Jag letar efter …** [ja 'lʲetar 'ɛftər …]
el servicio	**en toalett** [en tua'lʲet]
un cajero automático	**en uttagsautomat** [en ʉ:'ta:gs auto'mat]
una farmacia	**ett apotek** [et apʊ'tek]
el hospital	**ett sjukhus** [et 'ɧʉ:khʉs]

la comisaría	**en polisstation** [en po'lis sta'ɧu:n]
el metro	**tunnelbanan** ['tʉnəlʲ 'ba:nan]

un taxi	**en taxi** [en 'taksi]
la estación de tren	**en tågstation** [en 'to:g sta'ɧu:n]

Me llamo ...	**Jag heter ...** [ja 'hetər ...]
¿Cómo se llama?	**Vad heter du?** [vad 'hetər dʉ:?]
¿Puede ayudarme, por favor?	**Skulle du kunna hjälpa mig?** ['skʉlˡe dʉ: 'kuna 'jɛlˡpa mɛj?]
Tengo un problema.	**Jag har ett problem.** [ja har et prɔ'blˡem]
Me encuentro mal.	**Jag mår inte bra.** [ja mor 'intə bra:]
¡Llame a una ambulancia!	**Ring efter en ambulans!** ['riŋ 'ɛftər en ambʉ'lˡans!]
¿Puedo llamar, por favor?	**Får jag ringa ett samtal?** [for ja 'riŋa et 'sa:mtalˡ?]

Lo siento.	**Jag är ledsen.** [ja ær 'lˡesən]
De nada.	**Ingen orsak.** ['iŋen 'u:ʂak]

Yo	**Jag, mig** [ja, mɛj]
tú	**du** [dʉ]
él	**han** [han]
ella	**hon** [hon]
ellos	**de:** [de:]
ellas	**de:** [de:]
nosotros /nosotras/	**vi** [vi:]
ustedes, vosotros	**ni** [ni]
usted	**du, Ni** [dʉ:, ni:]

ENTRADA	**INGÅNG** ['iŋo:ŋ]
SALIDA	**UTGÅNG** ['ʉtgo:ŋ]
FUERA DE SERVICIO	**UR FUNKTION** [ʉ:r fʉnk'ɧu:n]
CERRADO	**STÄNGT** ['stɛŋt]

ABIERTO

ÖPPET
['øpet]

PARA SEÑORAS

FÖR KVINNOR
[før 'kvinor]

PARA CABALLEROS

FÖR MÄN
[før mɛn]

Preguntas

¿Dónde?	**Var?** [var?]
¿A dónde?	**Vart?** [va:ʈ?]
¿De dónde?	**Varifrån?** ['varifron?]
¿Por qué?	**Varför?** ['va:føːr?]
¿Con que razón?	**Av vilken anledning?** [aːv 'vilʲkən anˈlʲednɪŋ?]
¿Cuándo?	**När?** [nɛr?]

¿Cuánto tiempo?	**Hur länge?** [hʉː 'lʲɛŋə?]
¿A qué hora?	**Vilken tid?** ['vilʲkən tid?]
¿Cuánto?	**Hur länge?** [hʉː 'lʲɛŋə?]
¿Tiene ...?	**Har du ...?** [har dʉː ...?]
¿Dónde está ...?	**Var finns ...?** [var fins ...?]

¿Qué hora es?	**Vad är klockan?** [vad ær 'klʲokan?]
¿Puedo llamar, por favor?	**Får jag ringa ett samtal?** [for ja 'riŋa et 'sa:mtalʲ?]
¿Quién es?	**Vem är det?** [vem ær dɛ?]
¿Se puede fumar aquí?	**Får jag röka här?** [for ja 'røka hæː r?]
¿Puedo ...?	**Får jag ...?** [for ja: ...?]

Necesidades

Quisiera ...	**Jag skulle vilja ...**
	[ja 'skɵlʲe 'vilja ...]
No quiero ...	**Jag vill inte ...**
	[ja vilʲ 'intə ...]
Tengo sed.	**Jag är törstig.**
	[ja ær 'tø:ʂtig]
Tengo sueño.	**Jag vill sova.**
	[ja vilʲ 'so:va]

Quiero ...	**Jag vill ...**
	[ja vilʲ ...]
lavarme	**tvätta mig**
	['tvɛta mɛj]
cepillarme los dientes	**borsta tänderna**
	['bo:ʂta 'tɛndeɳa]
descansar un momento	**vila en stund**
	['vilʲa en stund]
cambiarme de ropa	**att byta kläder**
	[at 'byta 'klʲɛ:dər]

volver al hotel	**gå tillbaka till hotellet**
	['go tilʲ'baka tilʲ ho'telʲet]
comprar ...	**köpa ...**
	['çøpa ...]
ir a ...	**ta mig till ...**
	[ta mɛj tilʲ ...]
visitar ...	**besöka ...**
	[be'søka ...]
quedar con ...	**träffa ...**
	['trɛfa ...]
hacer una llamada	**ringa ett samtal**
	['riŋa et 'samtalʲ]

Estoy cansado /cansada/.	**Jag är trött.**
	[ja ær trøt]
Estamos cansados /cansadas/.	**Vi är trötta.**
	[vi: ær 'trøta]
Tengo frío.	**Jag fryser.**
	[ja 'frysər]
Tengo calor.	**Jag är varm.**
	[ja ær varm]
Estoy bien.	**Jag är okej.**
	[ja ær ɔ'kej]

Tengo que hacer una llamada.

Jag behöver ringa ett samtal.
[ja be'høvər 'riŋa et 'samtalʲ]

Necesito ir al servicio.

Jag behöver gå på toaletten.
[ja be'høvər gɔ pɔ tua'lʲetən]

Me tengo que ir.

Jag måste ge mig av.
[ja 'mostə je mɛj av]

Me tengo que ir ahora.

Jag måste ge mig av nu.
[ja 'mostə je mɛj av nʉ:]

Preguntar por direcciones

Perdone, ...	**Ursäkta mig, ...** [ʉ:'ʂɛkta mɛj, ...]
¿Dónde está ...?	**Var finns ...?** [var fins ...?]
¿Por dónde está ...?	**Åt vilket håll ligger ...?** [ot 'vilʲket holʲ 'ligər ...?]
¿Puede ayudarme, por favor?	**Skulle du kunna hjälpa mig?** ['skulʲe dʉ: 'kuna 'jɛlʲpa mɛj?]

Busco ...	**Jag letar efter ...** [ja 'lʲetar 'ɛftər ...]
Busco la salida.	**Jag letar efter utgången.** [ja 'lʲetar 'ɛftər 'ʉtgo:ŋən]
Voy a ...	**Jag ska till ...** [ja ska tilʲ ...]
¿Voy bien por aquí para ...?	**Är jag på rätt väg till ...?** [ɛr ja pɔ rɛt vɛg tilʲ ...?]

¿Está lejos?	**Är det långt?** [ɛr dɛ 'lʲo:ŋt?]
¿Puedo llegar a pie?	**Kan jag ta mig dit till fots?** [kan ja ta mɛj dit tilʲ 'fots?]
¿Puede mostrarme en el mapa?	**Kan du visa mig på kartan?** [kan dʉ: 'vi:sa mɛj pɔ 'ka:ʈan?]
Por favor muestreme dónde estamos.	**Kan du visa mig var vi är nu.** [kan dʉ: 'vi:sa mɛj var vi ær nʉ:]

Aquí	**Här** [hæ:r]
Allí	**Där** [dɛr]
Por aquí	**Den här vägen** [den hæ:r 'vɛgən]

Gire a la derecha.	**Sväng höger.** ['svɛŋ 'høgər]
Gire a la izquierda.	**Sväng vänster.** ['svɛŋ 'vɛnstər]
la primera (segunda, tercera) calle	**första (andra, tredje) sväng** ['fø:ʂta ('andra, 'tre:dje) svɛŋ]
a la derecha	**till höger** [tilʲ 'høgər]

a la izquierda

till vänster
[tilʲ 'vɛnstər]

Siga recto.

Gå rakt fram.
['go rakt fram]

Carteles

¡BIENVENIDO!	**VÄLKOMMEN!** ['vɛlʲkomən!]
ENTRADA	**INGÅNG** ['iŋo:ŋ]
SALIDA	**UTGÅNG** ['ɵtgo:ŋ]

EMPUJAR	**TRYCK** [trʏk]
TIRAR	**DRA** [dra:]
ABIERTO	**ÖPPET** ['øpet]
CERRADO	**STÄNGT** ['stɛŋt]

PARA SEÑORAS	**FÖR KVINNOR** [før 'kvinor]
PARA CABALLEROS	**FÖR MÄN** [før mɛn]
CABALLEROS	**HERRAR** ['hɛrrar]
SEÑORAS	**DAMER** ['damər]

REBAJAS	**RABATT** [ra'bat]
VENTA	**REA** ['rea]
GRATIS	**GRATIS** ['gratis]
¡NUEVO!	**NYHET!** ['nyhet!]
ATENCIÓN	**VARNING!** ['varniŋ!]

COMPLETO	**FULLBOKAT** [fɵlʲ'bokat]
RESERVADO	**RESERVERAT** [resɛr'verat]
ADMINISTRACIÓN	**DIREKTÖR** [direk'tør]
SÓLO PERSONAL AUTORIZADO	**ENDAST PERSONAL** ['ɛndast pɛ:ʂo'nalʲ]

CUIDADO CON EL PERRO	VARNING FÖR HUNDEN! ['varniŋ før 'hʉndən!]
NO FUMAR	RÖKNING FÖRBJUDET! ['røkniŋ før'bjʉ:det!]
NO TOCAR	RÖR EJ! [rør ɛj!]

PELIGROSO	FARLIGT ['fɑ:ligt]
PELIGRO	FARA ['fɑ:ra]
ALTA TENSIÓN	HÖGSPÄNNING ['høgspɛniŋ]
PROHIBIDO BAÑARSE	BAD FÖRBJUDET! [bad før'bjʉ:det!]

FUERA DE SERVICIO	UR FUNKTION [ʉ:r fʉnk'ʄu:n]
INFLAMABLE	BRANDFARLIGT ['brand 'fɑ:ligt]
PROHIBIDO	FÖRBJUDET [før'bjʉ:det]
PROHIBIDO EL PASO	TILLTRÄDE FÖRBJUDET! [til'trɛdə før'bjʉ:det!]
RECIÉN PINTADO	NYMÅLAT ['nymolˑat]

CERRADO POR RENOVACIÓN	STÄNGT FÖR RENOVERING ['stɛnt før reno'veriŋ]
EN OBRAS	VÄGARBETE ['vɛ:g ar'betə]
DESVÍO	OMLEDNINGSVÄG [ɔ:m'lˈedniŋs vɛg]

Transporte. Frases generales

el avión	**plan** [plʲan]
el tren	**tåg** [toːg]
el bus	**buss** [bus]
el ferry	**färja** [ˈfæːrja]
el taxi	**taxi** [ˈtaksi]
el coche	**bil** [bilʲ]

el horario	**tidtabell** [ˈtid taˈbɛlʲ]
¿Dónde puedo ver el horario?	**Var kan jag se tidtabellen?** [var kan ja se tidːtaˈbɛlʲen?]
días laborables	**vardagar** [vaːrˈdaːgar]
fines de semana	**helger** [ˈheljer]
días festivos	**helgdagar** [ˈheljˈdaːgar]

SALIDA	**AVGÅNGAR** [ˈavgoːŋar]
LLEGADA	**ANKOMSTER** [ˈankomstər]
RETRASADO	**FÖRSENAD** [føːˈşenad]
CANCELADO	**INSTÄLLD** [ˈinstɛlʲd]

siguiente (tren, etc.)	**nästa** [ˈnɛsta]
primero	**första** [ˈføːşta]
último	**sista** [ˈsista]

¿Cuándo pasa el siguiente …?	**När går nästa …?** [nɛr goːr ˈnɛsta …?]
¿Cuándo pasa el primer …?	**När går första …?** [nɛr goːr ˈføːşta …?]

¿Cuándo pasa el último …?

el trasbordo (cambio de trenes, etc.)

hacer un trasbordo

¿Tengo que hacer un trasbordo?

När går sista …?
[nɛr goːr 'sista …?]

byte
['byte]

att göra ett byte
[at 'jøra et 'byte]

Behöver jag byta?
[be'høvər ja 'byta?]

Comprar billetes

¿Dónde puedo comprar un billete?	**Var kan jag köpa biljetter?** [var kan ja 'çøpa bi'lʲetər?]
el billete	**biljett** [bi'lʲet]
comprar un billete	**att köpa en biljett** [at 'çøpa en bi'lʲet]
precio del billete	**biljettpris** [bi'lʲet pris]

¿Para dónde?	**Vart?** [va:ʈ?]
¿A qué estación?	**Till vilken station?** [tilʲ 'vilʲkən sta'ʃu:n?]
Necesito ...	**Jag behöver ...** [ja be'høvər ...]
un billete	**en biljett** [en bi'lʲet]
dos billetes	**två biljetter** [tvo: bi'lʲetər]
tres billetes	**tre biljetter** [tre bi'lʲetər]

sólo ida	**enkel** ['ɛnkəlʲ]
ida y vuelta	**tur och retur** ['tɯ:r ɔ re'tɯ:r]
en primera (primera clase)	**första klass** ['fø:ʂta klʲas]
en segunda (segunda clase)	**andra klass** ['andra klʲas]

hoy	**idag** [ida:g]
mañana	**imorgon** [i'mɔrgɔn]
pasado mañana	**i övermorgon** [i 'ø:vəˌmɔrgɔn]
por la mañana	**på morgonen** [pɔ 'mɔrgɔnən]
por la tarde	**på eftermiddagen** [pɔ 'ɛftə mid'dagən]
por la noche	**på kvällen** [pɔ 'kvɛlʲen]

asiento de pasillo	**gångplats** [goːŋ plʲats]
asiento de ventanilla	**fönsterplats** ['fønstə plʲats]
¿Cuánto cuesta?	**Hur mycket?** [hʉ: 'mʏke?]
¿Puedo pagar con tarjeta?	**Kan jag betala med kreditkort?** [kan ja be'talʲa me kre'dit koːʈ?]

Autobús

el autobús	**buss** [bus]
el autobús interurbano	**långfärdsbuss** ['lʲɔŋfɛrds͵bus]
la parada de autobús	**busshållplats** ['bus 'holʲplʲats]
¿Dónde está la parada de autobuses más cercana?	**Var finns närmsta busshållplats?** [var fins 'nɛrmsta 'bus 'holʲplʲats?]
número	**nummer** ['numər]
¿Qué autobús tengo que tomar para ...?	**Vilken buss kan jag ta till ...?** ['vilʲkən bus kan ja ta tilʲ ...?]
¿Este autobús va a ...?	**Går den här bussen till ...?** [goːr den hæːr 'busən tilʲ ...?]
¿Cada cuanto pasa el autobús?	**Hur ofta går bussarna?** [huː 'ofta goːr 'busarna?]
cada 15 minutos	**var femtonde minut** [var 'femtondə mi'nuːt]
cada media hora	**varje halvtimme** ['varje 'halʲv͵timə]
cada hora	**en gång i timmen** [en goːŋ i 'timən]
varias veces al día	**flera gånger om dagen** ['flʲera 'goːŋər om 'dagən]
... veces al día	**... gånger om dagen** [... 'goːŋər om 'dagən]
el horario	**tidtabell** ['tid ta'bɛlʲ]
¿Dónde puedo ver el horario?	**Var kan jag se tidtabellen?** [var kan ja se tid ta'bɛlʲen?]
¿Cuándo pasa el siguiente autobús?	**När går nästa buss?** [nɛr goːr 'nɛsta bus?]
¿Cuándo pasa el primer autobús?	**När går första bussen?** [nɛr goːr 'føːʂta 'busən?]
¿Cuándo pasa el último autobús?	**När går sista bussen?** [nɛr goːr 'sista 'busən?]
la parada	**hållplats** ['holʲ͵plʲats]
la siguiente parada	**nästa hållplats** ['nɛsta 'holʲplʲats]

la última parada

sista hållplatsen
['sista 'holʲplʲatsən]

Pare aquí, por favor.

Vill du vara snäll och stanna här, tack.
[vilʲ dʉː 'vaːra snɛlʲ o 'stana hæːr, tak]

Perdone, esta es mi parada.

Ursäkta mig, detta är min hållplats.
[ʉː'ʂɛkta mɛj, 'deta ær min 'holʲplʲats]

Tren

el tren	**tåg** [to:g]
el tren de cercanías	**lokaltåg** [lʲoˈkalʲ to:g]
el tren de larga distancia	**fjärrtåg** [ˈfʲær‚to:g]
la estación de tren	**tågstation** [ˈto:g staˈfʲuːn]
Perdone, ¿dónde está la salida al anden?	**Ursäkta mig, var är utgången till perrongen?** [ɵːˈʂɛkta mɛj, var ær ˈɵtgoːŋən tilʲ peˈroŋən?]

¿Este tren va a ...?	**Går det här tåget till ...?** [go:r dɛ hæ:r ˈto:get tilʲ ...?]
el siguiente tren	**nästa tåg** [ˈnɛsta to:g]
¿Cuándo pasa el siguiente tren?	**När går nästa tåg?** [nɛr go:r ˈnɛsta to:g?]
¿Dónde puedo ver el horario?	**Var kan jag se tidtabellen?** [var kan ja se tid tabɛlʲen?]
¿De qué andén?	**Från vilken perrong?** [fron ˈvilʲkən peˈroŋ?]
¿Cuándo llega el tren a ...?	**När ankommer tåget till ...?** [nɛr ˈankomer ˈto:get tilʲ ...?]

Ayudeme, por favor.	**Snälla hjälp mig.** [ˈsnɛlʲa jɛlʲp mɛj]
Busco mi asiento.	**Jag letar efter min plats.** [ja ˈlʲetar ˈɛfter min plʲats]
Buscamos nuestros asientos.	**Vi letar efter våra platser.** [vi ˈlʲetar ˈɛftə ˈvo:ra ˈplʲatsər]

Mi asiento está ocupado.	**Min plats är upptagen.** [min plʲats ær upˈta:gen]
Nuestros asientos están ocupados.	**Våra platser är upptagna.** [ˈvo:ra ˈplʲatsər ær upˈtagna]
Perdone, pero ese es mi asiento.	**Jag är ledsen, men det här är min plats.** [ja ær ˈlʲesən, men dɛ hæ:r ær min plʲats]

¿Está libre?

Är den här platsen upptagen?
[ɛr den hæːr ˈplʲatsən upˈtaːɡən?]

¿Puedo sentarme aquí?

Kan jag sitta här?
[kan ja ˈsita hæːr?]

En el tren. Diálogo (Sin billete)

Su billete, por favor.	**Biljetten, tack.** [bi'lʲetən, tak]
No tengo billete.	**Jag har ingen biljett.** [ja har 'iŋen bi'lʲet]
He perdido mi billete.	**Jag har förlorat min biljett.** [ja har fø:[lorat min bi'lʲet]
He olvidado mi billete en casa.	**Jag har glömt min biljett hemma.** [ja har 'glʲømt min bi'lʲet 'hɛma]
Le puedo vender un billete.	**Du kan köpa biljett av mig.** [dʉ: kan 'çøpa bi'lʲet av mɛj]
También deberá pagar una multa.	**Du kommer också behöva betala böter.** [dʉ: 'komər 'ukso be'høva be'talʲa 'bøtər]
Vale.	**Okej.** [ɔ'kej]
¿A dónde va usted?	**Vart ska du?** [va:ʈ ska: dʉ:?]
Voy a …	**Jag ska till …** [ja ska tilʲ …]
¿Cuánto es? No lo entiendo.	**Hur mycket? Jag förstår inte.** [hʉ: 'myke? ja fø:'ʂto:r 'intə]
Escríbalo, por favor.	**Vill du skriva det.** [vilʲ dʉ: 'skri:va dɛ]
Vale. ¿Puedo pagar con tarjeta?	**Bra. Kan jag betala med kreditkort?** [bra:. kan ja be'talʲa me kre'dit ko:ʈ?]
Sí, puede.	**Ja, det kan du.** [ja, dɛ kan dʉ]
Aquí está su recibo.	**Här är ert kvitto.** [hæ:r ær e:ʈ 'kvito]
Disculpe por la multa.	**Jag beklagar bötesavgiften.** [ja be'klʲagar bøtesav 'jiftən]
No pasa nada. Fue culpa mía.	**Det är okej. Det var mitt fel.** [de: ær ɔ'kej. dɛ var mit felʲ]
Disfrute su viaje.	**Ha en trevlig resa.** [ha en 'trɛvlig 'resa]

Taxi

taxi	**taxi** ['taksi]
taxista	**taxichaufför** ['taksi ʂoˈføːr]
coger un taxi	**att ta en taxi** [at ta en 'taksi]
parada de taxis	**taxistation** ['taksi staˈɧuːn]
¿Dónde puedo coger un taxi?	**Var kan jag få tag på en taxi?** [var kan ja fo tag pɔ en 'taksi?]
llamar a un taxi	**att ringa en taxi** [at 'riŋa en 'taksi]
Necesito un taxi.	**Jag behöver en taxi.** [ja beˈhøvər en 'taksi]
Ahora mismo.	**Omedelbart.** [uˈmedelˌbaːt]
¿Cuál es su dirección?	**Vad har du för adress?** [vad har dɵ: før aˈdrɛs?]
Mi dirección es …	**Min adress är …** [min aˈdrɛs ær …]
¿Cuál es el destino?	**Vart ska du åka?** [vaːʈ ska: dɵ: oka?]

Perdone, …	**Ursäkta mig, …** [ɵ:ˈʂɛkta mɛj, …]
¿Está libre?	**Är du ledig?** [ɛr dɵ: 'lʲeːdig?]
¿Cuánto cuesta ir a …?	**Vad kostar det att åka till …?** [vad 'kostar dɛ at 'oːka tilʲ …?]
¿Sabe usted dónde está?	**Vet du var det ligger?** [vet dɵ: var dɛ 'ligər?]

Al aeropuerto, por favor.	**Till flygplatsen, tack.** [tilʲ 'flʲyg 'plʲatsən, tak]
Pare aquí, por favor.	**Kan du stanna här, tack.** [kan dɵ: 'stana hæ:r, tak]
No es aquí.	**Det är inte här.** [de: ær 'intə hɛr]
La dirección no es correcta.	**Det här är fel adress.** [de: hæ:r ær felʲ aˈdrɛs]
Gire a la izquierda.	**Sväng vänster.** ['svɛŋ 'vɛnstər]
Gire a la derecha.	**Sväng höger.** ['svɛŋ 'høgər]

¿Cuánto le debo? **Hur mycket är jag skyldig?**
[hɵ: 'mʏke ær ja 'ŋʏlˈdig?]

¿Me da un recibo, por favor? **Jag skulle vilja ha ett kvitto, tack.**
[ja 'skɵlˈe 'vilja ha et 'kvito, tak]

Quédese con el cambio. **Behåll växeln.**
[be'holˈ 'vɛkselˈn]

Espéreme, por favor. **Vill du vara vänlig och vänta på mig?**
[vilˈ dɵ: 'va:ra 'vɛnlig o vɛnta pɔ mɛj?]

cinco minutos **fem minuter**
[fem mi'nɵ:tər]

diez minutos **tio minuter**
['ti:o mi'nɵ:tər]

quince minutos **femton minuter**
['femton mi'nɵ:tər]

veinte minutos **tjugo minuter**
['ɕɵ:go mi'nɵ:ter]

media hora **en halvtimme**
[en 'halˈv'timə]

Hotel

Hola.	**Hej** [hɛj]
Me llamo ...	**Jag heter ...** [ja 'hetər ...]
Tengo una reserva.	**Jag har bokat.** [ja har 'bokat]

Necesito ...	**Jag behöver ...** [ja be'høvər ...]
una habitación individual	**ett enkelrum** [et 'ɛnkəlʲ ru:m]
una habitación doble	**ett dubbelrum** [et 'dubəlʲ ru:m]
¿Cuánto cuesta?	**Hur mycket kostar det?** [hʉ: 'mʏke 'kostar dɛ?]
Es un poco caro.	**Det är lite dyrt.** [de: ær 'lʲite dy:t]

¿Tiene alguna más?	**Har du några andra alternativ?** [har dʉ: 'nogra 'andra alʲterna'tiv?]
Me quedo.	**Jag tar det.** [ja tar dɛ]
Pagaré en efectivo.	**Jag betalar kontant.** [ja be'talʲar kon'tant]

Tengo un problema.	**Jag har ett problem.** [ja har et prɔ'blʲem]
Mi ... no funciona.	**... är trasig.** [... ær 'trasig]
Mi ... está fuera de servicio.	**... fungerar inte.** [... fʉ'ŋerar 'intə]
televisión	**min TV** [min 'teve]
aire acondicionado	**min luftkonditionering** [min 'lʲʉft kondiɲu'nɛriŋ]
grifo	**min kran** [min kran]

ducha	**min dusch** [min duʂ]
lavabo	**mitt handfat** [mit 'handfa:t]
caja fuerte	**mitt kassaskåp** [mit 'kasaˌsko:p]

cerradura	**mitt dörrlås** [mit 'dørlˌos]
enchufe	**mitt eluttag** [mit ɛlˑ'ʉːtag]
secador de pelo	**min hårtork** [min 'hoːˌtork]

No tengo …	**Jag har ...** [ja har ...]
agua	**inget vatten** ['iŋet 'vatən]
luz	**inget ljus** ['iŋet jʉːs]
electricidad	**ingen elektricitet** [iŋen ɛlˑektrisi'tet]

¿Me puede dar …?	**Skulle du kunna ge mig ...?** ['skʉlˑe dʉː 'kuna je mɛj ...?]
una toalla	**en handduk** [en 'haŋdʉːk]
una sábana	**en filt** [en filˑt]
unas chanclas	**tofflor** ['toflˑor]
un albornoz	**en badrock** [en 'badrok]
un champú	**schampo** ['ʂampo]
jabón	**tvål** [tvoːlˑ]

Quisiera cambiar de habitación.	**Jag skulle vilja byta rum.** [ja 'skʉlˑe 'vilja 'byːta ruːm]
No puedo encontrar mi llave.	**Jag hittar inte min nyckel.** [ja 'hitar 'inte min 'nʏkəlˑ]
Por favor abra mi habitación.	**Skulle du kunna öppna mitt rum, tack?** ['skʉlˑe dʉː 'kuna 'øpna mit rum, tak?]
¿Quién es?	**Vem är det?** [vem ær dɛ?]
¡Entre!	**Kom in!** [kom 'in!]
¡Un momento!	**Ett ögonblick!** [et 'øːɡonblik!]

Ahora no, por favor.	**Inte just nu, tack.** ['inte jʉst nʉː, tak]
Venga a mi habitación, por favor.	**Kom till mitt rum, tack.** [kom tilˑ mit ruːm, tak]

Quisiera hacer un pedido.

Jag skulle vilja beställa mat via rumsservice.
[ja 'skɵlʲe 'vilja be'stɛlʲa mat via 'ruːmsøːvis]

Mi número de habitación es …

Mitt rumsnummer är …
[mit 'ruːms'nɵmer æːr …]

Me voy …

Jag reser …
[ja 'reːsər …]

Nos vamos …

Vi reser …
[viː 'reːsər …]

Ahora mismo

just nu
['jɵst nɵː]

esta tarde

i eftermiddag
[i 'ɛftə mid'daːg]

esta noche

ikväll
[iːkvɛlʲ]

mañana

imorgon
[i'mɔrgɔn]

mañana por la mañana

imorgon på morgonen
[i'mɔrgɔn pɔ 'mɔrgɔnən]

mañana por la noche

imorgon på kvällen
[i'mɔrgɔn pɔ 'kvɛlʲen]

pasado mañana

i övermorgon
[i 'øːvə͵mɔrgɔn]

Quisiera pagar la cuenta.

Jag skulle vilja betala.
[ja 'skɵlʲe 'vilja be'taːlʲa]

Todo ha estado estupendo.

Allt var fantastiskt.
[alʲt var fan'tastiskt]

¿Dónde puedo coger un taxi?

Var kan jag få tag på en taxi?
[var kan ja fo tag pɔ en 'taksi?]

¿Puede llamarme un taxi, por favor?

Skulle du vilja vara snäll och ringa en taxi åt mig?
['skɵlʲe dɵː vilja 'vaːra snɛlʲ o 'riŋa en 'taksi ot mɛj?]

Restaurante

¿Puedo ver el menú, por favor?

Kan jag få se menyn, tack?
[kan ja fo se me'nyn, tak?]

Mesa para uno.

Ett bord för en.
[et bo:d før en]

Somos dos (tres, cuatro).

Vi är två (tre, fyra) personer.
[vi: ær tvo: (tre, 'fy:ra) pɛ:'ʂu:nər]

Para fumadores

Rökare
['røkarə]

Para no fumadores

Icke rökare
['ike røkarə]

¡Por favor! (llamar al camarero)

Ursäkta!
[ʉ:'ʂɛkta!]

la carta

meny
[me'ny:]

la carta de vinos

vinlista
['vi:nlista]

La carta, por favor.

Menyn, tack.
[me'nyn, tak]

¿Está listo para pedir?

Är ni redo att beställa?
[ɛr ni 'redo at be'stɛlˌa?]

¿Qué quieren pedir?

Vad önskar du?
[vad 'ønskar dʉ:?]

Yo quiero ...

Jag tar ...
[ja tar ...]

Soy vegetariano.

Jag är vegetarian.
[ja ær vegetari'a:n]

carne

kött
[çø:t]

pescado

fisk
['fisk]

verduras

grönsaker
['grøn'sakər]

¿Tiene platos para vegetarianos?

Har ni vegetariska rätter?
[har ni vege'ta:riska 'rɛtər?]

No como cerdo.

Jag äter inte kött.
[ja 'ɛ:ter 'intə çøt]

Él /Ella/ no come carne.

Han /hon/ äter inte kött.
[han /hon/ 'ɛ:tər 'intə çøt]

Soy alérgico a ...

Jag är allergisk mot ...
[ja ær a'lˌɛrgisk mut ...]

¿Me puede traer …, por favor?

Skulle du kunna ge mig …
['skɵlʲe dɵ: 'kuna je mɛj …]

sal | pimienta | azúcar

salt I peppar I socker
[salʲt | 'pepar | 'sokər]

café | té | postre

kaffe I te I dessert
['kafə | te | de'sɛ:r]

agua | con gas | sin gas

vatten I kolsyrat I icke kolsyrat
['vaten | 'kɔlʲ'sy:rat | 'ike 'kɔlʲ'sy:rat]

una cuchara | un tenedor | un cuchillo

en sked I gaffel I kniv
[en ɧed | 'gafəlʲ | kni:v]

un plato | una servilleta

en tallrik I servett
[en 'talʲrik | ser'vet]

¡Buen provecho!

Smaklig måltid!
['smaklig 'molʲtid!]

Uno más, por favor.

En /Ett/ … till tack.
[en /et/ … tilʲ tak]

Estaba delicioso.

Det var utsökt.
[dɛ var 'ɵtsøkt]

---

la cuenta | el cambio | la propina

nota I växel I dricks
['no:ta | 'vɛksəlʲ | driks]

La cuenta, por favor.

Notan, tack.
['no:tan, tak]

¿Puedo pagar con tarjeta?

Kan jag betala med kreditkort?
[kan ja be'talʲa me kre'dit ko:ʈ?]

Perdone, aquí hay un error.

Jag beklagar, det är ett misstag här.
[ja be'klʲagar, dɛ ær et 'mistag hæ:r]

De Compras

¿Puedo ayudarle?	**Kan jag hjälpa dig?** [kan ja 'jɛlˈpa dɛj?]
¿Tiene ...?	**Har ni ...?** [har ni ...?]
Busco ...	**Jag letar efter ...** [ja 'lˈetar 'ɛftər ...]
Necesito ...	**Jag behöver ...** [ja be'høvər ...]

Sólo estoy mirando.	**Jag tittar bara.** [ja 'titar 'baːra]
Sólo estamos mirando.	**Vi tittar bara.** [vi 'titar 'baːra]
Volveré más tarde.	**Jag kommer tillbaka senare.** [ja 'komər tilˈ'baka 'senarə]
Volveremos más tarde.	**Vi kommer tillbaka senare.** [vi 'komer tilˈ'baka 'senarə]
descuentos | oferta	**rabatt I rea** [ra'bat | 're:a]

Por favor, enséñeme ...	**Skulle du kunna visa mig ...** ['skɵlˈe dɵ: 'kuna 'vi:sa mɛj ...]
¿Me puede dar ..., por favor?	**Skulle du kunna ge mig ...** ['skɵlˈe dɵ: 'kuna je mɛj ...]
¿Puedo probarmelo?	**Kan jag prova?** [kan ja 'pru:va?]
Perdone, ¿dónde están los probadores?	**Ursäkta mig, var finns provrummen?** [ɵ:'ʂɛkta mɛj, var fins 'pruv‚rumən?]
¿Qué color le gustaría?	**Vilken färg vill du ha?** ['vilˈkən 'fæ:rj vilˈ dɵ: ha?]
la talla | el largo	**storlek I längd** ['storlˈek | lˈɛŋd]
¿Cómo le queda? (¿Está bien?)	**Hur sitter den?** [hɵ: 'sitər den?]

¿Cuánto cuesta esto?	**Hur mycket kostar det?** [hɵ: 'mʏke 'kostar dɛ?]
Es muy caro.	**Det är för dyrt.** [de: ær før dy:t]
Me lo llevo.	**Jag tar den (det, dem).** [ja tar den (dɛ, dem)]
Perdone, ¿dónde está la caja?	**Ursäkta mig, var betalar man?** [ɵ:'ʂɛkta mɛj, var be'talˈar man?]

¿Pagará en efectivo o con tarjeta?

Betalar du kontant eller med kreditkort?
[be'talᴵar dʉ: kon'tant elᴵe me kre'dit ko:ʈ?]

en efectivo | con tarjeta

Kontant I med kreditkort
[kon'tant | me kre'dit ko:ʈ]

¿Quiere el recibo?

Vill du ha kvittot?
[vilᴵ dʉ: ha: 'kvitot?]

Sí, por favor.

Ja, tack.
[ja, tak]

No, gracias.

Nej, det behövs inte.
[nɛj, dɛ bɛhøvs 'inte]

Gracias. ¡Que tenga un buen día!

Tack. Ha en bra dag!
[tak. ha en bra: dag!]

En la ciudad

Perdone, por favor.	**Ursäkta mig.** [ʉ:'ʂɛkta mɛj]
Busco ...	**Jag letar efter ...** [ja 'lʲetar 'ɛftər ...]
el metro	**tunnelbanan** ['tʉnəlʲ 'ba:nan]
mi hotel	**mitt hotell** [mit ho'telʲ]

el cine	**biografen** [bio'grafən]
una parada de taxis	**en taxistation** [en 'taksi sta'ŋu:n]
un cajero automático	**en uttagsautomat** [en ʉ:'ta:gs auto'mat]
una oficina de cambio	**ett växlingskontor** [et 'vɛkslɪŋs kon'tu:r]

un cibercafé	**ett internetkafé** [et 'internet ka'fe]
la calle ...	**... gatan** [... 'gatan]
este lugar	**den här platsen** [den hæ:r 'plʲatsən]

¿Sabe usted dónde está ...?	**Vet du var ... ligger?** [vet dʉ: var ... 'lɪgər?]
¿Cómo se llama esta calle?	**Vilken gata är det här?** ['vilʲkən gata ær dɛ hæ:r?]
Muestreme dónde estamos ahora.	**Kan du visa mig var vi är nu.** [kan dʉ: 'vi:sa mɛj var vi ær nʉ:]
¿Puedo llegar a pie?	**Kan jag ta mig dit till fots?** [kan ja ta mɛj dit tilʲ 'fots?]
¿Tiene un mapa de la ciudad?	**Har ni en karta över stan?** [har ni en 'ka:ʈa ø:ver stan?]

¿Cuánto cuesta la entrada?	**Hur mycket kostar inträdet?** [hʉ: 'mʏke 'kostar intrɛdet?]
¿Se pueden hacer fotos aquí?	**Får jag fotografera här?** [for ja fʊtʊgra'fera hæ:r?]
¿Está abierto?	**Har ni öppet?** [har ni øpet?]

¿A qué hora abren?

När öppnar ni?
[nɛr øpnar ni?]

¿A qué hora cierran?

När stänger ni?
[nɛr 'stɛŋər ni?]

Dinero

dinero	**pengar** ['peŋar]
efectivo	**kontanter** [kon'tantər]
billetes	**sedlar** ['sedlʲar]
monedas	**småpengar** ['smo:'peŋar]
la cuenta | el cambio | la propina	**nota I växel I dricks** ['no:ta | 'vɛksəlʲ | driks]

la tarjeta de crédito	**kreditkort** [kre'dit ko:ʈ]
la cartera	**plånbok** ['plʲo:nbʊk]
comprar	**att köpa** [at 'ɕøpa]
pagar	**att betala** [at be'talʲa]
la multa	**böter** ['bøter]
gratis	**gratis** ['gratis]

¿Dónde puedo comprar ...?	**Var kan jag köpa ...?** [var kan ja 'ɕøpa ...?]
¿Está el banco abierto ahora?	**Är banken öppen nu?** [ɛr 'bankəen 'øpen nʉ:?]
¿A qué hora abre?	**När öppnar den?** [nɛr øpnar dɛn?]
¿A qué hora cierra?	**När stänger den?** [nɛr 'stɛŋər den?]

¿Cuánto cuesta?	**Hur mycket?** [hʉ: 'mɤke?]
¿Cuánto cuesta esto?	**Hur mycket kostar den här?** [hʉ: 'mɤke 'kostar den hæ:r?]
Es muy caro.	**Det är för dyrt.** [de: ær før dy:ʈ]

Perdone, ¿dónde está la caja?	**Ursäkta mig, var betalar man?** [ʉ:'ʂɛkta mɛj, var be'talʲar man?]
La cuenta, por favor.	**Notan, tack.** ['no:tan, tak]

¿Puedo pagar con tarjeta?

¿Hay un cajero por aquí?

Busco un cajero automático.

Kan jag betala med kreditkort?
[kan ja be'talʲa me kre'dit koːʈ?]

Finns det en uttagsautomat här?
[fins dɛ en 'ʉtags auto'mat hæːr?]

Jag letar efter en uttagsautomat.
[ja 'lʲetar 'ɛftər en ʉːʼtags auto'mat]

Busco una oficina de cambio.

Quisiera cambiar ...

¿Cuál es el tipo de cambio?

¿Necesita mi pasaporte?

Jag letar efter ett växlingskontor.
[ja 'lʲetar 'ɛftər et 'vɛkslɪŋs kon'tuːr]

Jag skulle vilja växla ...
[ja 'skʉlʲe 'vilja 'vɛkslʲa ...]

Vad är växlingskursen?
[vad ær 'vɛkslɪŋs 'kʉːʂən?]

Behöver du mitt pass?
[be'høvər dʉː mit pas?]

Tiempo

¿Qué hora es?
Vad är klockan?
[vad ær 'klʲokan?]

¿Cuándo?
När?
[nɛr?]

¿A qué hora?
Vid vilken tid?
[vid 'vilʲkən tid?]

ahora | luego | después de …
nu I senare I efter ...
[nʉ: | 'senarə | 'ɛftər ...]

la una
klockan ett
['klʲokan et]

la una y cuarto
kvart över ett
[kvaːʈ 'øːvər et]

la una y medio
halv två
[halʲv tvoː]

las dos menos cuarto
kvart i två
[kvaːʈ i tvoː]

una | dos | tres
ett I två I tre
[et | tvoː | tre]

cuatro | cinco | seis
fyra I fem I sex
['fyːra | fem | sɛks]

siete | ocho | nueve
sju I åtta I nio
[ɧʉ: | 'ota | 'niːo]

diez | once | doce
tio I elva I tolv
['tiːo | 'elʲva | tolʲv]

en …
om ...
[om ...]

cinco minutos
fem minuter
[fem mi'nʉːtər]

diez minutos
tio minuter
['tiːo mi'nʉːtər]

quince minutos
femton minuter
['femtɔn mi'nʉːtər]

veinte minutos
tjugo minuter
['ɕʉːgo mi'nʉːter]

media hora
en halvtimme
[en 'halʲv'time]

una hora
en timme
[en 'time]

por la mañana
på morgonen
[pɔ 'mɔrgɔnən]

por la mañana temprano   **tidigt på morgonen**
['tidit pɔ 'mɔrgɔnən]

esta mañana   **den här morgonen**
[den hæ:r 'mɔrgɔnən]

mañana por la mañana   **imorgon på morgonen**
[i'mɔrgɔn pɔ 'mɔrgɔnən]

al mediodía   **mitt på dagen**
[mit pɔ 'dagən]

por la tarde   **på eftermiddagen**
[pɔ 'ɛftə mid'dagən]

por la noche   **på kvällen**
[pɔ 'kvɛlʲen]

esta noche   **ikväll**
[i:kvɛlʲ]

por la noche   **på natten**
[pɔ 'natən]

ayer   **i går**
[i go:r]

hoy   **idag**
[ida:g]

mañana   **imorgon**
[i'mɔrgɔn]

pasado mañana   **i övermorgon**
[i 'ø:və͵mɔrgɔn]

¿Qué día es hoy?   **Vad är det för dag idag?**
[vad ær dɛ før da:g 'ida:g?]

Es ...   **Det är ...**
[de: ær ...]

lunes   **måndag**
['mɔndag]

martes   **tisdag**
['ti:sdag]

miércoles   **onsdag**
['onsdag]

jueves   **torsdag**
['to:ʂdag]

viernes   **fredag**
['fre:dag]

sábado   **lördag**
['lʲø:ɖag]

domingo   **söndag**
['sœndag]

Saludos. Presentaciones.

Hola.
Hej
[hɛj]

Encantado /Encantada/ de conocerle.
Trevligt att träffas.
['trɛvligt at trɛfas]

Yo también.
Detsamma.
[de'sama]

Le presento a …
Jag skulle vilja träffa …
[ja 'skɵlʲe 'vilja 'trɛfa …]

Encantado.
Trevligt att träffas.
['trɛvligt at trɛfas]

¿Cómo está?
Hur står det till?
[hɵ: sto: dɛ tilʲ?]

Me llamo …
Jag heter …
[ja 'hetər …]

Se llama …
Han heter …
[han 'hetər …]

Se llama …
Hon heter …
[hon 'hetər …]

¿Cómo se llama (usted)?
Vad heter du?
[vad 'hetər dɵ:?]

¿Cómo se llama (él)?
Vad heter han?
[vad 'hetər han?]

¿Cómo se llama (ella)?
Vad heter hon?
[vad 'hetər hon?]

¿Cuál es su apellido?
Vad heter du i efternamn?
[vad 'hetər dɵ: i 'ɛftəˌŋamn?]

Puede llamarme …
Du kan kalla mig …
[dɵ: kan 'kalʲa mɛj …]

¿De dónde es usted?
Varifrån kommer du?
['varifron 'koməer dɵ:?]

Yo soy de ….
Jag kommer från …
[ja 'komər fron …]

¿A qué se dedica?
Vad arbetar du med?
[vad ar'betar dɵ: me:?]

¿Quién es?
Vem är det här?
[vem ær dɛ hæ:r?]

¿Quién es él?
Vem är han?
[vem ær han?]

¿Quién es ella?
Vem är hon?
[vem ær hon?]

¿Quiénes son?
Vilka är de?
['vilʲka ær dom?]

Este es ...

mi amigo

mi amiga

mi marido

mi mujer

Det här är ...
[de: hæ:r ær ...]
min vän
[min vɛn]
min väninna
[min vɛ'nina]
min man
[min man]
min fru
[min frʉ:]

mi padre

mi madre

mi hermano

mi hermana

mi hijo

mi hija

min far
[min fa:r]
min mor
[min mo:r]
min bror
[min 'bru:r]
min syster
[min 'sʏstər]
min son
[min so:n]
min dotter
[min 'dotər]

Este es nuestro hijo.

Esta es nuestra hija.

Estos son mis hijos.

Estos son nuestros hijos.

Det här är vår son.
[de: hæ:r ær vor son]
Det här är vår dotter.
[de: hæ:r ær vor 'dotər]
Det här är mina barn.
[de: hæ:r ær 'mina ba:ɳ]
Det här är våra barn.
[de: hæ:r ær 'vo:ra ba:ɳ]

Despedidas

¡Adiós!	**På återseende! Hej då!** [pɔ ote:'ʂeəndə! hɛj do:!]
¡Chau!	**Hej då!** [hɛj do:!]
Hasta mañana.	**Vi ses imorgon.** [vi ses i'mɔrgɔn]
Hasta pronto.	**Vi ses snart.** [vi ses sna:t]
Te veo a las siete.	**Vi ses klockan sju.** [vi ses 'klʲokan ʃɵ:]

¡Que se diviertan!	**Ha det så roligt!** [ha dɛ so 'roligt!]
Hablamos más tarde.	**Vi hörs senare.** [vi høːʂ 'senarə]
Que tengas un buen fin de semana.	**Ha en trevlig helg.** [ha en 'trɛvlig helj]
Buenas noches.	**Godnatt.** [god'nat]

Es hora de irme.	**Det är dags för mig att ge mig av.** [de: ær daːgs før mɛj at je mɛj av]
Tengo que irme.	**Jag behöver ge mig av.** [ja be'høvər je mɛj av]
Ahora vuelvo.	**Jag kommer strax tillbaka.** [ja 'komər straks tilʲ'baka]

Es tarde.	**Det är sent.** [de: ær sɛnt]
Tengo que levantarme temprano.	**Jag måste gå upp tidigt.** [ja 'mostə go up 'tidit]
Me voy mañana.	**Jag ger mig av imorgon.** [ja jer mɛj av i'mɔrgɔn]
Nos vamos mañana.	**Vi ger oss av imorgon.** [vi je:r os av i'mɔrgɔn]

¡Que tenga un buen viaje!	**Trevlig resa!** ['trɛvlig 'resa!]
Ha sido un placer.	**Det var trevligt att träffas.** [dɛ var 'trɛvligt at trɛfas]
Fue un placer hablar con usted.	**Det var trevligt att prata med dig.** [de: var 'trɛvligt at 'praːta me dɛj]
Gracias por todo.	**Tack för allt.** [tak før alʲt]

Lo he pasado muy bien.	**Jag hade väldigt trevligt.** [ja 'hadə 'vɛlˠdigt 'trɛvligt]
Lo pasamos muy bien.	**Vi hade väldigt trevligt.** [vi 'hade 'vɛlˠdigt 'trɛvligt]
Fue genial.	**Det var verkligen trevligt.** [dɛ var 'vɛrkligən 'trɛvligt]
Le voy a echar de menos.	**Jag kommer att sakna dig.** [ja 'komər at 'sakna dɛj]
Le vamos a echar de menos.	**Vi kommer att sakna dig.** [vi 'komer at 'sakna dɛj]

¡Suerte!	**Lycka till!** ['lˠyka tilˠ!]
Saludos a ...	**Hälsa till ...** ['hɛlˠsa tilˠ ...]

Idioma extranjero

No entiendo.
Jag förstår inte.
[ja fø:'ʂto:r 'intə]

Escríbalo, por favor.
Skulle du kunna skriva ner det.
['skɵlʲe dɵ: 'kuna 'skri:va ner dɛ]

¿Habla usted ...?
Talar du ...
['talʲar dɵ: ...]

Hablo un poco de ...
Jag talar lite ...
[ja 'talʲar 'lʲitə ...]

inglés
engelska
['ɛŋelʲska]

turco
turkiska
['tɵrkiska]

árabe
arabiska
[a'rabiska]

francés
franska
['franska]

alemán
tyska
['tʏska]

italiano
italienska
[ita'lje:nska]

español
spanska
['spanska]

portugués
portugisiska
[po:[ɵ'gi:siska]

chino
kinesiska
[ɕi'nesiska]

japonés
japanska
[ja'pa:nska]

¿Puede repetirlo, por favor?
Kan du upprepa det, tack.
[kan dɵ: 'uprepa dɛ, tak]

Lo entiendo.
Jag förstår.
[ja fø:'ʂto:r]

No entiendo.
Jag förstår inte.
[ja fø:'ʂto:r 'intə]

Hable más despacio, por favor.
Kan du prata långsammare, tack.
[kan dɵ: 'pra:ta lʲo:ŋ'samarə, tak]

¿Está bien?
Är det rätt?
[ɛr dɛ rɛt?]

¿Qué es esto? (¿Que significa esto?)
Vad är det här?
[vad ær dɛ hɛr?]

Disculpas

Perdone, por favor. **Ursäkta mig.**
[ʉ:'ʂɛkta mɛj]

Lo siento. **Jag är ledsen.**
[ja ær 'lʲesən]

Lo siento mucho. **Jag är verkligen ledsen.**
[ja ær 'vɛrkligən 'lʲesen]

Perdón, fue culpa mía. **Jag är ledsen, det är mitt fel.**
[ja ær 'lʲesən, dɛ ær mit felʲ]

Culpa mía. **Det är jag som har gjort ett misstag.**
[de: ær ja som har jo:[et 'mistag]

¿Puedo ...? **Får jag ... ?**
[for ja: ...?]

¿Le molesta si ...? **Har du något emot om jag ...?**
[har dʉ: 'no:gɔt ɛ'mo:t om ja ...?]

¡No hay problema! (No pasa nada.) **Det är okej.**
[de: ær ɔ'kej]

Todo está bien. **Det är okej.**
[de: ær ɔ'kej]

No se preocupe. **Tänk inte på det.**
[tɛnk 'intə pɔ dɛ]

Acuerdos

Sí.	**Ja** [ja]
Sí, claro.	**Ja, säkert.** [ja, 'sɛːket]
Bien.	**Bra!** [braː!]
Muy bien.	**Mycket bra.** ['mʏke braː]
¡Claro que sí!	**Ja visst!** [ja vist!]
Estoy de acuerdo.	**Jag håller med.** [ja 'holʲer meː]

Es verdad.	**Det stämmer.** [deː 'stɛmər]
Es correcto.	**Det är rätt.** [deː ær rɛt]
Tiene razón.	**Du har rätt.** [dʉː har rɛt]
No me molesta.	**Jag har inget emot det.** [ja har 'iŋet ɛ'moːt dɛ]
Es completamente cierto.	**Det stämmer helt.** [deː 'stɛmər helʲt]

Es posible.	**Det är möjligt.** [deː ær 'møjligt]
Es una buena idea.	**Det är en bra idé.** [deː ær en braː i'deː]
No puedo decir que no.	**Jag kan inte säga nej.** [ja kan 'inte 'sɛja nɛj]
Estaré encantado /encantada/.	**Det gör jag gärna.** [deː jør ja 'jæːɳa]
Será un placer.	**Med nöje.** [me 'nøje]

Rechazo. Expresar duda

No.	**Nej** [nɛj]
Claro que no.	**Verkligen inte.** ['vɛrkligən 'intə]
No estoy de acuerdo.	**Jag håller inte med.** [ja 'holʲer 'intə me:]
No lo creo.	**Jag tror inte det.** [ja tror 'intə dɛ]
No es verdad.	**Det är inte sant.** [de: ær 'intə sant]
No tiene razón.	**Du har fel.** [dʉ: har felʲ]
Creo que no tiene razón.	**Jag tycker att du har fel.** [ja 'tʏkər at dʉ: har felʲ]
No estoy seguro /segura/.	**Jag är inte säker.** [ja ær 'inte 'sɛ:kər]
No es posible.	**Det är omöjligt.** [de: ær u:'mœjligt]
¡Nada de eso!	**Absolut inte!** [abso'lʲʉt 'intə!]
Justo lo contrario.	**Raka motsatsen.** ['ra:ka 'mo:tsatsən]
Estoy en contra de ello.	**Jag är emot det.** [ja ær ɛ'mo:t dɛ]
No me importa. (Me da igual.)	**Jag bryr mig inte om det.** [ja bry:r mɛj 'intə om dɛ]
No tengo ni idea.	**Jag har ingen aning.** [ja har 'iŋen 'aniŋ]
Dudo que sea así.	**Jag betvivlar det.** [ja bet'vivlʲar dɛ]
Lo siento, no puedo.	**Jag är ledsen, det kan jag inte.** [ja ær 'lʲesən, dɛ kan ja 'intə]
Lo siento, no quiero.	**Jag är ledsen, det vill jag inte.** [ja ær 'lʲesən, dɛ vilʲ ja 'intə]
Gracias, pero no lo necesito.	**Nej, tack.** [nɛj, tak]
Ya es tarde.	**Det börjar bli sent.** [de: 'børjar bli sɛnt]

Tengo que levantarme temprano.

Jag måste gå upp tidigt.
[ja 'mostə go up 'tidit]

Me encuentro mal.

Jag mår inte bra.
[ja mor 'intə bra:]

Expresar gratitud

Gracias.	**Tack** [tak]
Muchas gracias.	**Tack så mycket.** [tak so 'mʏke]
De verdad lo aprecio.	**Jag uppskattar det verkligen.** [ja 'upskatar dɛ 'vɛrkligən]
Se lo agradezco.	**Jag är verkligen tacksam mot dig.** [ja ær 'vɛrkligən 'taksam mot dɛj]
Se lo agradecemos.	**Vi är verkligen tacksamma mot dig.** [vi: ær 'vɛrkligən 'taksama mo:t dɛj]

Gracias por su tiempo.	**Tack för dig stund.** [tak før dɛj stund]
Gracias por todo.	**Tack för allt.** [tak før alʲt]
Gracias por ...	**Tack för ...** [tak før ...]
su ayuda	**din hjälp** [din jɛlʲp]
tan agradable momento	**en trevlig tid** [en 'trɛvlig tid]

una comida estupenda	**en fantastisk måltid** [en fan'tastisk 'molʲtid]
una velada tan agradable	**en trevlig kväll** [en 'trɛvlig kvɛlʲ]
un día maravilloso	**en underbar dag** [en 'undəbar da:g]
un viaje increíble	**en fantastisk resa** [en fan'tastisk 'resa]

No hay de qué.	**Ingen orsak.** ['iŋen 'u:ʂak]
De nada.	**Väl bekomme.** [vɛlʲ be'komə]
Siempre a su disposición.	**Ingen orsak.** ['iŋen 'u:ʂak]
Encantado /Encantada/ de ayudarle.	**Nöjet är helt på min sida.** ['nøjet ær helʲt pɔ min 'si:da]
No hay de qué.	**Ingen orsak.** ['iŋen 'u:ʂak]
No tiene importancia.	**Tänk inte på det.** [tɛnk 'intə pɔ dɛ]

Felicitaciones , Mejores Deseos

¡Felicidades!
Gratulationer!
[gratɵlʲaˈŋuːnər!]

¡Feliz Cumpleaños!
Grattis på födelsedagen!
['gratis pɔ 'fødelʲsə 'dagen!]

¡Feliz Navidad!
God Jul!
[god jɵːlʲ!]

¡Feliz Año Nuevo!
Gott Nytt År!
[got nʏt oːr!]

¡Felices Pascuas!
Glad Påsk!
[glʲad 'posk!]

¡Feliz Hanukkah!
Glad Chanukka!
[glʲad 'hanɵka!]

Quiero brindar.
Jag skulle vilja utbringa en skål.
[ja 'skɵlʲe 'vilja ɵːtˈbriŋa en skolʲ]

¡Salud!
Skål!
[skolʲ!]

¡Brindemos por ...!
Låt oss dricka för ...!
[lʲot os 'drika før ...!]

¡A nuestro éxito!
För vår framgång!
[før vor 'framgoːŋ!]

¡A su éxito!
För dig framgång!
[før dɛj 'framgoːŋ!]

¡Suerte!
Lycka till!
['lʲʏka tilʲ!]

¡Que tenga un buen día!
Ha en bra dag!
[ha en braː dag!]

¡Que tenga unas buenas vacaciones!
Ha en bra helg!
[ha en braː helj!]

¡Que tenga un buen viaje!
Säker resa!
['sɛːkər 'resa!]

¡Espero que se recupere pronto!
Krya på dig!
['krya pɔ dɛj!]

Socializarse

¿Por qué está triste?	**Varför är du ledsen?** ['va:før ær du: 'l̠esən?]
¡Sonría! ¡Animese!	**Får jag se ett leende? Upp med hakan!** [for ja se et 'l̠eəndə? up me 'ha:kan!]
¿Está libre esta noche?	**Är du ledig ikväll?** [ɛr du: 'l̠e:dig i:kvɛl̠?]

¿Puedo ofrecerle algo de beber?	**Får jag bjuda på en drink?** [for ja 'bju:da pɔ en drink?]
¿Querría bailar conmigo?	**Vill du dansa?** [vil̠ du: 'dansa?]
Vamos a ir al cine.	**Låt oss gå på bio.** [l̠ot os go pɔ 'bi:o]

¿Puedo invitarle a ...?	**Får jag bjuda dig på ...?** [for ja 'bju:da dɛj pɔ ...?]
un restaurante	**restaurang** [rɛstɔ'raŋ]
el cine	**bio** ['bio]
el teatro	**teater** [te'a:ter]
dar una vuelta	**gå på en promenad** ['go pɔ en prome'nad]

¿A qué hora?	**Vilken tid?** ['vil̠kən tid?]
esta noche	**ikväll** [i:kvɛl̠]
a las seis	**vid sex** [vid 'sɛks]
a las siete	**vid sju** [vid ɧu:]
a las ocho	**vid åtta** [vid 'ota]
a las nueve	**vid nio** [vid 'ni:o]

¿Le gusta este lugar?	**Gillar du det här stället?** ['jil̠ar du: dɛ hæ:r 'stɛl̠et?]
¿Está aquí con alguien?	**Är du här med någon?** [ɛr du: hæ:r me 'no:gɔn?]
Estoy con mi amigo /amiga/.	**Jag är här med min vän /väninna/.** [ja ær hæ:r me min vɛn /vɛ'nina/]

| Estoy con amigos. | **Jag är här med mina vänner.**
[ja ær hæː r me 'mina 'vɛnər] |
| No, estoy solo /sola/. | **Nej, jag är ensam.**
[nɛj, ja ær 'ɛnsam] |

¿Tienes novio?	**Har du pojkvän?** [har dʉː 'pojkvɛn?]
Tengo novio.	**Jag har pojkvän.** [ja har 'pojkvɛn]
¿Tienes novia?	**Har du flickvän?** [har dʉː 'flikvɛn?]
Tengo novia.	**Jag har flickvän.** [ja har 'flʲikvɛn]

¿Te puedo volver a ver?	**Får jag träffa dig igen?** [for ja 'trɛfa dɛj i'jen?]
¿Te puedo llamar?	**Kan jag ringa dig?** [kan ja 'riŋa dɛj?]
Llámame.	**Ring mig.** ['riŋ mɛj]
¿Cuál es tu número?	**Vad har du för nummer?** [vad har dʉː før 'nʉmər?]
Te echo de menos.	**Jag saknar dig.** [ja 'saknar dɛj]

¡Qué nombre tan bonito!	**Du har ett vackert namn.** [dʉː har et 'vakeːt namn]
Te quiero.	**Jag älskar dig.** [ja 'ɛlʲskər dɛj]
¿Te casarías conmigo?	**Vill du gifta dig med mig?** [vilʲ dʉː 'jifta dɛj me mɛj?]
¡Está de broma!	**Du skämtar!** [dʉː 'ɧɛmtar!]
Sólo estoy bromeando.	**Jag skämtar bara.** [ja 'ɧɛmtar 'baːra]

¿En serio?	**Menar du allvar?** ['meːnar dʉː 'alʲvaːr?]
Lo digo en serio.	**Jag menar allvar.** [ja 'meːnar 'alʲvaːr]
¿De verdad?	**Verkligen?!** ['vɛrkligən?!]
¡Es increíble!	**Det är otroligt!** [deː ær uː'troːligt!]
No le creo.	**Jag tror dig inte.** [ja tror dɛj 'intə]
No puedo.	**Jag kan inte.** [ja kan 'intə]
No lo sé.	**Jag vet inte.** [ja vet 'intə]
No le entiendo.	**Jag förstår dig inte.** [ja fø:'ʂtoːr dɛj 'intə]

Váyase, por favor.

¡Déjeme en paz!

Var snäll och gå.
[var snɛlʲ o goː]

Lämna mig ifred!
['lʲɛːmna mɛj ifreːd!]

Es inaguantable.

¡Es un asqueroso!

¡Llamaré a la policía!

Jag står inte ut med honom.
[ja stoːr 'intə ʉt me 'honom]

Du är vedervärdig!
[dʉː ær 'vedervæːɖig!]

Jag ska ringa polisen!
[ja ska 'riŋa po'lʲiːsən!]

Compartir impresiones. Emociones

Me gusta.	**Jag tycker om det.** [ja 'tʏkər om dɛ]
Muy lindo.	**Jättefint.** ['jɛtefint]
¡Es genial!	**Det är fantastiskt!** [de: ær fan'tastiskt!]
No está mal.	**Det är inte illa.** [de: ær 'intə 'iˡa]

No me gusta.	**Jag gillar det inte.** [ja 'jiˡar dɛ 'intəe]
No está bien.	**Det är inte bra.** [de: ær 'intə bra:]
Está mal.	**Det är illa.** [de: ær 'iˡa]
Está muy mal.	**Det är väldigt dåligt.** [de: ær 'vɛlˡdigt 'do:ligt]
¡Qué asco!	**Det är förskräckligt.** [de: ær fø:'ʂkrɛkligt]

Estoy feliz.	**Jag är glad.** [ja ær glˡad]
Estoy contento /contenta/.	**Jag är nöjd.** [ja ær 'nøjd]
Estoy enamorado /enamorada/.	**Jag är kär.** [ja ær 'kæ:r]
Estoy tranquilo.	**Jag är lugn.** [ja ær 'lˡʉŋn]
Estoy aburrido.	**Jag är uttråkad.** [ja ær ʉt'trokad]

Estoy cansado /cansada/.	**Jag är trött.** [ja ær trøt]
Estoy triste.	**Jag är ledsen.** [ja ær 'lˡesən]
Estoy asustado.	**Jag är rädd.** [ja ær rɛd]
Estoy enfadado /enfadada/.	**Jag är arg.** [ja ær arj]

Estoy preocupado /preocupada/.	**Jag är orolig.** [ja ær u'rulig]
Estoy nervioso /nerviosa/.	**Jag är nervös.** [ja ær ner'vø:s]

Estoy celoso /celosa/.

Jag är svartsjuk.
[ja ær 'sva:tɧɵ:k]

Estoy sorprendido /sorprendida/.

Jag är överraskad.
[ja ær ø:vɛ'raskad]

Estoy perplejo /perpleja/.

Jag är förvirrad.
[ja ær før'virad]

Problemas, Accidentes

Tengo un problema.	**Jag har ett problem.** [ja har et prɔ'blʲem]
Tenemos un problema.	**Vi har ett problem.** [vi har et prɔ'blʲem]
Estoy perdido /perdida/.	**Jag är vilse.** [ja ær 'vilʲsə]
Perdí el último autobús (tren).	**Jag missade sista bussen (tåget).** [ja 'misadə 'sista 'busən ('to:get)]
No me queda más dinero.	**Jag har inga pengar kvar.** [ja har 'iŋa 'peŋar kva:r]

He perdido …	**Jag har förlorat …** [ja har fø:lʲorat …]
Me han robado …	**Någon har stulit …** ['no:gɔn har 'stu:lit …]
mi pasaporte	**mitt pass** [mit pas]
mi cartera	**min plånbok** [min 'plʲo:nbʊk]
mis papeles	**mina handlingar** ['mina 'handliŋar]
mi billete	**min biljett** [min bi'lʲet]

mi dinero	**mina pengar** ['mina 'peŋar]
mi bolso	**min handväska** [min 'hand‚vɛska]
mi cámara	**min kamera** [min 'ka:mera]
mi portátil	**min laptop** [min 'lʲaptop]
mi tableta	**min surfplatta** [min 'surfplʲata]
mi teléfono	**min mobiltelefon** [min mo'bilʲ telʲe'fɔn]

¡Ayúdeme!	**Hjälp mig!** ['jɛlʲp mɛj!]
¿Qué pasó?	**Vad har hänt?** [vad har hɛnt?]
el incendio	**brand** [brand]

un tiroteo	**skottlossning** [skot'losniŋ]
el asesinato	**mord** ['mo:d]
una explosión	**explosion** [ɛksplɔ'ʄu:n]
una pelea	**slagsmål** ['slaks mo:l]

¡Llame a la policía!	**Ring polisen!** ['riŋ po'li:sən!]
¡Más rápido, por favor!	**Snälla skynda på!** ['snɛla 'ʄynda po:!]
Busco la comisaría.	**Jag letar efter polisstationen.** [ja 'letar 'ɛftər po'lis sta'ʄu:nən]
Tengo que hacer una llamada.	**Jag behöver ringa ett samtal.** [ja be'høvər 'riŋa et 'samtal]
¿Puedo usar su teléfono?	**Får jag använda din telefon?** [for ja 'anvɛnda din tele'fɔn?]

Me han …	**Jag har blivit …** [ja har 'blivit …]
asaltado /asaltada/	**rånad** ['ronad]
robado /robada/	**bestulen** [be'stʉ:len]
violada	**våldtagen** ['vold,tagən]
atacado /atacada/	**angripen** ['aŋripən]

¿Se encuentra bien?	**Är det okej med dig?** [ɛr dɛ ɔ'kej me dɛj?]
¿Ha visto quien a sido?	**Såg du vem det var?** [sog dʉ: vɛm dɛ va:r?]
¿Sería capaz de reconocer a la persona?	**Skulle du kunna känna igen personen?** ['skʉle dʉ: 'kuna kɛna ijen pɛ:'ʂu:nən?]
¿Está usted seguro?	**Är du säker?** [ɛr dʉ: 'sɛ:ker?]

Por favor, cálmese.	**Snälla lugna ner dig.** ['snɛla 'lʉna ne dɛj]
¡Cálmese!	**Ta det lugnt!** [ta dɛ lʉŋt!]
¡No se preocupe!	**Oroa dig inte!** ['o:roa dɛj 'inte!]
Todo irá bien.	**Allt kommer att bli bra.** [alt 'komər at bli bra:]
Todo está bien.	**Allt är okej.** [alt ær ɔ'kej]

Venga aquí, por favor.

Vill du vara snäll och följa med?
[vilʲ dʉ: 'vaːra snɛlʲ o 'følʲa meː?]

Tengo unas preguntas para usted.

Jag har några frågor till dig.
[ja har 'nogra 'frogor tilʲ dɛj]

Espere un momento, por favor.

**Var snäll och vänta
ett ögonblick, tack.**
[var snɛlʲ o 'vɛnta
et 'øːgɔnblik, tak]

¿Tiene un documento de identidad?

Har du någon legitimation?
[har dʉ: 'noːgɔn lʲegitima'ɧuːn?]

Gracias. Puede irse ahora.

Tack. Du kan gå nu.
[tak. dʉ: kan go nʉ:]

¡Manos detrás de la cabeza!

Händerna bakom huvudet!
['hɛnderna 'bakom 'hʉvʉdet!]

¡Está arrestado!

Du är anhållen!
[dʉ: ær an'holʲen!]

Problemas de salud

Ayudeme, por favor.	**Snälla hjälp mig.** ['snɛlʲa jɛlʲp mɛj]
No me encuentro bien.	**Jag mår inte bra.** [ja mor 'intə bra:]
Mi marido no se encuentra bien.	**Min man mår inte bra.** [min man mor 'intə bra:]
Mi hijo ...	**Min son ...** [min soːn ...]
Mi padre ...	**min far ...** [min faːr ...]
Mi mujer no se encuentra bien.	**Min fru mår inte bra.** [min frʉ: mor 'intə bra:]
Mi hija ...	**Min dotter ...** [min 'dotər ...]
Mi madre ...	**Min mor ...** [min moːr ...]
Me duele ...	**Jag har ...** [ja har ...]
la cabeza	**huvudvärk** ['hʉːvʉd'væːrk]
la garganta	**halsont** ['halʲsʊnt]
el estómago	**värk i magen** [vɛrk i 'maːgən]
un diente	**tandvärk** ['tand͵vɛrk]
Estoy mareado.	**Jag känner mig yr.** [ja 'ɕɛnər mɛj yːr]
Él tiene fiebre.	**Han har feber.** [han har 'febər]
Ella tiene fiebre.	**Hon har feber.** [hon har 'febər]
No puedo respirar.	**Jag kan inte andas.** [ja kan 'intə 'andas]
Me ahogo.	**Jag har andnöd.** [ja har 'andnød]
Tengo asma.	**Jag är astmatiker.** [ja ær ast'matiker]
Tengo diabetes.	**Jag är diabetiker.** [ja ær dia'betikər]

No puedo dormir.	**Jag kan inte sova.** [ja kan 'intə 'so:va]
intoxicación alimentaria	**matförgiftning** ['ma:tfø:'jiftniŋ]

Me duele aquí.	**Det gör ont här.** [de: jør ont hæ:r]
¡Ayúdeme!	**Hjälp mig!** ['jɛlⁱp mɛj!]
¡Estoy aquí!	**Jag är här!** [ja ær 'hæ:r!]
¡Estamos aquí!	**Vi är här!** [vi: ær hæ:r!]
¡Saquenme de aquí!	**Ta mig härifrån!** [ta mɛj 'hɛrifron!]
Necesito un médico.	**Jag behöver en läkare.** [ja be'høvər en 'lⁱɛ:karə]
No me puedo mover.	**Jag kan inte röra mig.** [ja kan 'intə 'rø:ra mɛj]
No puedo mover mis piernas.	**Jag kan inte röra mina ben.** [ja kan 'intə 'rø:ra 'mina bɛn]

Tengo una herida.	**Jag har ett sår.** [ja har et so:r]
¿Es grave?	**Är det allvarligt?** [ɛr dɛ 'alⁱva:rligt?]
Mis documentos están en mi bolsillo.	**Mina dokument är i min ficka.** ['mina dokɵ'ment ær i min 'fika]
¡Cálmese!	**Lugna ner dig!** ['lⁱɵnⁱa ne: dɛj!]
¿Puedo usar su teléfono?	**Får jag använda din telefon?** [for ja 'anvɛnda din telⁱe'fɔn?]

¡Llame a una ambulancia!	**Ring efter en ambulans!** ['riŋ 'ɛftər en ambɵ'lⁱans!]
¡Es urgente!	**Det är brådskande!** [de: ær 'brodskandə!]
¡Es una emergencia!	**Det är ett nödfall!** [de: ær et 'nødfalⁱ!]
¡Más rápido, por favor!	**Snälla, skynda dig!** ['snɛlⁱa, 'ɧynda dɛj!]
¿Puede llamar a un médico, por favor?	**Vill du vara snäll och ringa en läkare?** [vilⁱ dɵ: 'va:ra snɛlⁱ o 'riŋa en 'lⁱɛ:karə?]
¿Dónde está el hospital?	**Var är sjukhuset?** [var ær 'ɧɵ:khɵ:set?]

¿Cómo se siente?	**Hur mår du?** [hɵ: mor dɵ:?]
¿Se encuentra bien?	**Är du okej?** [ɛr dɵ: ɔ'kej?]
¿Qué pasó?	**Vad har hänt?** [vad har hɛnt?]

Me encuentro mejor.

Jag mår bättre nu.
[ja mor 'bɛtrə nɵ:]

Está bien.

Det är okej.
[de: ær ɔ'kej]

Todo está bien.

Det är okej.
[de: ær ɔ'kej]

En la farmacia

la farmacia	**apotek** [apʊˈtek]
la farmacia 24 horas	**dygnet runt-öppet apotek** [ˈdynˑet rʉnt-ˈøpet apʊˈtek]
¿Dónde está la farmacia más cercana?	**Var finns närmsta apotek?** [var fins ˈnɛrmsta apʊˈtek?]

¿Está abierta ahora?	**Är det öppet nu?** [ɛr dɛ ˈøpet nʉː?]
¿A qué hora abre?	**Vilken tid öppnar det?** [ˈvilˑkən tid ˈøpnar dɛ?]
¿A qué hora cierra?	**Vilken tid stänger det?** [ˈvilˑkən tid ˈstɛŋər dɛ?]

¿Está lejos?	**Är det långt?** [ɛr dɛ ˈlˑoːŋt?]
¿Puedo llegar a pie?	**Kan jag ta mig dit till fots?** [kan ja ta mɛj dit tilˑ ˈfots?]
¿Puede mostrarme en el mapa?	**Kan du visa mig på kartan?** [kan dʉ: ˈviːsa mɛj pɔ ˈkaːʈan?]

Por favor, deme algo para ...	**Snälla ge mig någonting mot ...** [ˈsnɛlˑa je mɛj ˈnoːɡontiŋ mot ...]
un dolor de cabeza	**huvudvärk** [ˈhʉːvʉdˈvæːrk]
la tos	**hosta** [ˈhosta]
el resfriado	**förkylning** [førˈçylˑniŋ]
la gripe	**influensan** [inflˑʉˈensan]

la fiebre	**feber** [ˈfeber]
un dolor de estomago	**magont** [ˈmaːɡont]
nauseas	**illamående** [ilˑaˈmoendə]
la diarrea	**diarré** [diaˈreː]
el estreñimiento	**förstoppning** [føːˈʂtopniŋ]
un dolor de espalda	**ryggont** [ˈrɣɡont]

un dolor de pecho	**bröstsmärtor** ['brøst'smɛ:tor]
el flato	**mjälthugg** ['mjelʲthug]
un dolor abdominal	**magsmärtor** ['magsmɛ:tor]

la píldora	**piller, tablett** ['pilʲer, tab'lʲet]
la crema	**salva** ['salʲva]
el jarabe	**drickbar medicin** ['drikbar medi'si:n]
el spray	**sprej** [sprɛj]
las gotas	**droppar** ['dropar]

Tiene que ir al hospital.	**Du måste åka till sjukhuset.** [dʉ: 'moste 'o:ka tilʲ 'ɧʉ:khʉset]
el seguro de salud	**sjukförsäkring** ['ɧʉ:kfø:'ʂɛkriŋ]
la receta	**recept** [re'sɛpt]
el repelente de insectos	**insektsmedel** ['insekts'medelʲ]
la curita	**plåster** ['plʲoster]

Lo más imprescindible

Perdone, …	**Ursäkta mig, …** [ʉːˈʂɛkta mɛj, …]
Hola.	**Hej** [hɛj]
Gracias.	**Tack** [tak]

Sí.	**Ja** [ja]
No.	**Nej** [nɛj]
No lo sé.	**Jag vet inte.** [ja vet ˈintə]
¿Dónde? | ¿A dónde? | ¿Cuándo?	**Var? I Vart? I När?** [var? | vaːʈ? | nɛr?]

Necesito …	**Jag behöver …** [ja beˈhøvər …]
Quiero …	**Jag vill …** [ja vilʲ …]
¿Tiene …?	**Har du …?** [har dʉː …?]
¿Hay … por aquí?	**Finns det … här?** [fins dɛ … hæːr?]
¿Puedo …?	**Får jag … ?** [for ja: …?]
…, por favor? (petición educada)	**…, tack** […, tak]

Busco …	**Jag letar efter …** [ja ˈlʲetar ˈɛftər …]
el servicio	**en toalett** [en tuaˈlʲet]
un cajero automático	**en uttagsautomat** [en ʉːˈtaːgs autoˈmat]
una farmacia	**ett apotek** [et apʉˈtek]
el hospital	**ett sjukhus** [et ˈɧʉːkhʉs]

la comisaría	**en polisstation** [en poˈlis staˈɧuːn]
el metro	**tunnelbanan** [ˈtʉnəlʲ ˈbaːnan]

un taxi	**en taxi** [en 'taksi]
la estación de tren	**en tågstation** [en 'to:g sta'ʃu:n]

Me llamo ...	**Jag heter ...** [ja 'hetər ...]
¿Cómo se llama?	**Vad heter du?** [vad 'hetər dʉ:?]
¿Puede ayudarme, por favor?	**Skulle du kunna hjälpa mig?** ['skʉlʲe dʉ: 'kuna 'jɛlʲpa mɛj?]
Tengo un problema.	**Jag har ett problem.** [ja har et prɔ'blʲem]
Me encuentro mal.	**Jag mår inte bra.** [ja mor 'intə bra:]
¡Llame a una ambulancia!	**Ring efter en ambulans!** ['riŋ 'ɛftər en ambʉ'lʲans!]
¿Puedo llamar, por favor?	**Får jag ringa ett samtal?** [for ja 'riŋa et 'sa:mtalʲ?]

Lo siento.	**Jag är ledsen.** [ja ær 'lʲesən]
De nada.	**Ingen orsak.** ['iŋen 'u:ʂak]

Yo	**Jag, mig** [ja, mɛj]
tú	**du** [dʉ]
él	**han** [han]
ella	**hon** [hon]
ellos	**de:** [de:]
ellas	**de:** [de:]
nosotros /nosotras/	**vi** [vi:]
ustedes, vosotros	**ni** [ni]
usted	**du, Ni** [dʉ:, ni:]

ENTRADA	**INGÅNG** ['iŋo:ŋ]
SALIDA	**UTGÅNG** ['ʉtgo:ŋ]
FUERA DE SERVICIO	**UR FUNKTION** [ʉ:r funk'ʃu:n]
CERRADO	**STÄNGT** ['stɛŋt]

ABIERTO

ÖPPET
['øpet]

PARA SEÑORAS

FÖR KVINNOR
[før 'kvinor]

PARA CABALLEROS

FÖR MÄN
[før mɛn]

VOCABULARIO TEMÁTICO

Esta sección contiene más
de 3.000 de las palabras más
importantes. El diccionario
le proporcionará una ayuda
inestimable mientras viaja al
extranjero, porque las palabras
individuales son a menudo
suficientes para que
le entiendan.
El diccionario incluye una
transcripción adecuada
de cada palabra extranjera

T&P Books Publishing

CONTENIDO
DEL DICCIONARIO

Conceptos básicos	75
Números. Miscelánea	83
Los colores. Las unidades de medida	87
Los verbos más importantes	91
La hora. El calendario	97
El viaje. El hotel	103
El transporte	107
La ciudad	113
La ropa y los accesorios	121
La experiencia diaria	129
Las comidas. El restaurante	137
La información personal. La familia	147
El cuerpo. La medicina	151
El apartamento	159
La tierra. El tiempo	165
La fauna	177
La flora	185
Los países	191

T&P Books Publishing

T&P BOOKS

CONCEPTOS BÁSICOS

1. Los pronombres
2. Saludos. Salutaciones
3. Las preguntas
4. Las preposiciones
5. Las palabras útiles. Los adverbios. Unidad 1
6. Las palabras útiles. Los adverbios. Unidad 2

T&P Books Publishing

1. Los pronombres

| yo | jag | ['ja:] |
| tú | du | [dʉ:] |

él	han	['han]
ella	hon	['hʊn]
ello	det, den	[dɛ], [dɛn]

nosotros, -as	vi	['vi]
vosotros, -as	ni	['ni]
ellos, ellas	de	[de:]

2. Saludos. Salutaciones

¡Hola! (fam.)	Hej!	['hɛj]
¡Hola! (form.)	Hej! Hallå!	['hɛj], [ha'lʲo:]
¡Buenos días!	God morgon!	[ˌgʊd 'mɔrgɔn]
¡Buenas tardes!	God dag!	[ˌgʊd 'dag]
¡Buenas noches!	God kväll!	[ˌgʊd 'kvɛlʲ]

decir hola	att hälsa	[at 'hɛlʲsa]
¡Hola! (a un amigo)	Hej!	['hɛj]
saludo (m)	hälsning (en)	['hɛlʲsniŋ]
saludar (vt)	att hälsa	[at 'hɛlʲsa]
¿Cómo estáis?	Hur står det till?	[hʊr sto: de 'tilʲ]
¿Cómo estás?	Hur är det?	[hʊr ɛr 'de:]
¿Qué hay de nuevo?	Vad är nytt?	[vad æ:r 'nʏt]

¡Hasta la vista! (form.)	Adjö! Hej då!	[a'jø:], [hɛj'do:]
¡Hasta la vista! (fam.)	Hej då!	[hɛj'do:]
¡Hasta pronto!	Vi ses!	[vi ses]
¡Adiós!	Adjö! Farväl!	[a'jø:], [far'vɛ:lʲ]
despedirse (vr)	att säga adjö	[at 'sɛ:ja a'jø:]
¡Hasta luego!	Hej då!	[hɛj'do:]

¡Gracias!	Tack!	['tak]
¡Muchas gracias!	Tack så mycket!	['tak sɔ 'mʏkə]
De nada	Varsågod	['va:ʂo:gʊd]
No hay de qué	Ingen orsak!	['iŋən 'ʊ:ʂak]
De nada	Ingen orsak!	['iŋən 'ʊ:ʂak]

| ¡Disculpa! | Ursäkta, ... | ['ʉ:ˌʂɛkta ...] |
| ¡Disculpe! | Ursäkta mig, ... | ['ʉ:ˌʂɛkta mɛj ...] |

disculpar (vt)	att ursäkta	[at 'ʉː‚sɛkta]
disculparse (vr)	att ursäkta sig	[at 'ʉː‚sɛkta sɛj]
Mis disculpas	Jag ber om ursäkt	[ja ber ɔm 'ʉː‚sɛkt]
¡Perdóneme!	Förlåt!	[fœː'lʲoːt]
perdonar (vt)	att förlåta	[at 'fœː‚lʲoːta]
¡No pasa nada!	Det gör inget	[dɛ jør 'iŋet]
por favor	snälla	['snɛla]
¡No se le olvide!	Glöm inte!	['glʲøːm 'intə]
¡Ciertamente!	Naturligtvis!	[na'tʉrligvis]
¡Claro que no!	Självklart inte!	['ɧɛlʲvklʲaṭ 'intə]
¡De acuerdo!	OK! Jag håller med.	[ɔ'kej] , [ja 'hoːlʲer me]
¡Basta!	Det räcker!	[dɛ 'rɛkə]

3. Las preguntas

¿Quién?	Vem?	['vem]
¿Qué?	Vad?	['vad]
¿Dónde?	Var?	['var]
¿Adónde?	Vart?	['vaːt]
¿De dónde?	Varifrån?	['varifroːn]
¿Cuándo?	När?	['næːr]
¿Para qué?	Varför?	['vaːføːr]
¿Por qué?	Varför?	['vaːføːr]
¿Por qué razón?	För vad?	['før vad]
¿Cómo?	Hur?	['hʉːr]
¿Qué ...? (~ color)	Vilken?	['vilʲkən]
¿Cuál?	Vilken?	['vilʲkən]
¿A quién?	Till vem?	[tilʲ 'vem]
¿De quién? (~ hablan ...)	Om vem?	[ɔm 'vem]
¿De qué?	Om vad?	[ɔm 'vad]
¿Con quién?	Med vem?	[me 'vem]
¿Cuánto? (innum.)	Hur mycket?	[hʉr 'mʏkə]
¿Cuánto? (num.)	Hur många?	[hʉr 'mɔŋa]
¿De quién? (~ es este ...)	Vems?	['vɛms]

4. Las preposiciones

con ... (~ algn)	med	['me]
sin ... (~ azúcar)	utan	['ʉtan]
a ... (p.ej. voy a México)	till	['tilʲ]
de ... (hablar ~)	om	['ɔm]
antes de ...	för, inför	['føːr], ['inføːr]
delante de ...	framför	['framføːr]
debajo	under	['undər]

sobre ..., encima de ...	över	['ø:vər]
en, sobre (~ la mesa)	på	[pɔ]
de (origen)	från	['frɔn]
de (fabricado de)	av	[av]
dentro de ...	om	['ɔm]
encima de ...	över	['ø:vər]

5. Las palabras útiles. Los adverbios. Unidad 1

¿Dónde?	Var?	['var]
aquí (adv)	här	['hæ:r]
allí (adv)	där	['dæ:r]
en alguna parte	någonstans	['no:gɔn‚stans]
en ninguna parte	ingenstans	['iŋən‚stans]
junto a ...	vid	['vid]
junto a la ventana	vid fönstret	[vid 'fœnstrət]
¿A dónde?	Vart?	['va:t]
aquí (venga ~)	hit	['hit]
allí (vendré ~)	dit	['dit]
de aquí (adv)	härifrån	['hæ:ri‚fro:n]
de allí (adv)	därifrån	['dæ:ri‚fro:n]
cerca (no lejos)	nära	['næ:ra]
lejos (adv)	långt	['lʲɔŋt]
cerca de ...	nära	['næ:ra]
al lado (de ...)	i närheten	[i 'næ:r‚hetən]
no lejos (adv)	inte långt	['intə 'lʲɔŋt]
izquierdo (adj)	vänster	['vɛnstər]
a la izquierda (situado ~)	till vänster	[tilʲ 'vɛnstər]
a la izquierda (girar ~)	till vänster	[tilʲ 'vɛnstər]
derecho (adj)	höger	['hø:gər]
a la derecha (situado ~)	till höger	[tilʲ 'hø:gər]
a la derecha (girar)	till höger	[tilʲ 'hø:gər]
delante (yo voy ~)	framtill	['framtilʲ]
delantero (adj)	främre	['frɛmrə]
adelante (movimiento)	framåt	['framo:t]
detrás de ...	bakom, baktill	['bakɔm], ['bak'tilʲ]
desde atrás	bakifrån	['baki‚fro:n]
atrás (da un paso ~)	tillbaka	[tilʲ'baka]
centro (m), medio (m)	mitt (en)	['mit]
en medio (adv)	i mitten	[i 'mitən]

de lado (adv)	från sidan	[frɔn 'sidan]
en todas partes	överallt	['ø:vərˌalʲt]
alrededor (adv)	runt omkring	[runt ɔm'kriŋ]

de dentro (adv)	inifrån	['iniˌfro:n]
a alguna parte	någonstans	['no:gɔnˌstans]
todo derecho (adv)	rakt, rakt fram	['rakt], ['rakt fram]
atrás (muévelo para ~)	tillbaka	[tilʲ'baka]

| de alguna parte (adv) | från var som helst | [frɔn va sɔm 'hɛlʲst] |
| no se sabe de dónde | från någonstans | [frɔn 'no:gɔnˌstans] |

primero (adv)	för det första	['før de 'fœ:ʂta]
segundo (adv)	för det andra	['før de 'andra]
tercero (adv)	för det tredje	['før de 'trɛdjə]

de súbito (adv)	plötsligt	['plʲøtslit]
al principio (adv)	i början	[i 'bœrjan]
por primera vez	för första gången	['før 'fœ:ʂta 'gɔŋən]
mucho tiempo antes ...	långt innan ...	['lʲɔŋt 'inan ...]
de nuevo (adv)	på nytt	[pɔ 'nʏt]
para siempre (adv)	för gott	[før 'gɔt]

jamás, nunca (adv)	aldrig	['alʲdrig]
de nuevo (adv)	igen	['ijɛn]
ahora (adv)	nu	['nʉ:]
frecuentemente (adv)	ofta	['ɔfta]
entonces (adv)	då	['dɔ:]
urgentemente (adv)	brådskande	['brɔˌskandə]
usualmente (adv)	vanligtvis	['vanˌlitvis]

a propósito, ...	förresten ...	[fœ:'rɛstən ...]
es probable	möjligen	['mœjligən]
probablemente (adv)	sannolikt	[sanʉ'likt]
tal vez	kanske	['kanɦə]
además ...	dessutom ...	[des'ʉ:tʊm ...]
por eso ...	därför ...	['dæ:før ...]
a pesar de ...	i trots av ...	[i 'trɔts av ...]
gracias a ...	tack vare ...	['tak ˌvarə ...]

qué (pron)	vad	['vad]
que (conj)	att	[at]
algo (~ le ha pasado)	något	['no:gɔt]
algo (~ así)	något	['no:gɔt]
nada (f)	ingenting	['iŋəntiŋ]

quien	vem	['vem]
alguien (viene ~)	någon	['no:gɔn]
alguien (¿ha llamado ~?)	någon	['no:gɔn]

| nadie | ingen | ['iŋən] |
| a ninguna parte | ingenstans | ['iŋənˌstans] |

| de nadie | ingens | ['iŋəns] |
| de alguien | någons | ['noːgɔns] |

tan, tanto (adv)	så	['soː]
también (~ habla francés)	också	['ɔksoː]
también (p.ej. Yo ~)	också	['ɔksoː]

6. Las palabras útiles. Los adverbios. Unidad 2

¿Por qué?	Varför?	['vaːføːr]
no se sabe porqué	av någon anledning	[av 'noːgɔn 'anˌlʲedniŋ]
porque ...	därför att ...	['dæːføːr at ...]
por cualquier razón (adv)	av någon anledning	[av 'noːgɔn 'anˌlʲedniŋ]

y (p.ej. uno y medio)	och	['ɔ]
o (p.ej. té o café)	eller	['ɛlʲer]
pero (p.ej. me gusta, ~)	men	['men]
para (p.ej. es para ti)	för, till	['føːr]

demasiado (adv)	för, alltför	['føːr], ['alʲtføːr]
sólo, solamente (adv)	bara, endast	['bara], ['ɛndast]
exactamente (adv)	precis, exakt	[prɛ'sis], [ɛk'sakt]
unos ...,	cirka	['sirka]
cerca de ... (~ 10 kg)		

aproximadamente	ungefär	['uŋəˌfæːr]
aproximado (adj)	ungefärlig	['uŋəˌfæːlʲig]
casi (adv)	nästan	['nɛstan]
resto (m)	rest (en)	['rɛst]

el otro (adj)	den andra	[dɛn 'andra]
otro (p.ej. el otro día)	andre	['andrə]
cada (adj)	var	['var]
cualquier (adj)	vilken som helst	['vilʲkən sɔm 'hɛlʲst]
mucho (adv)	mycken, mycket	['mʏkən], ['mʏkə]
muchos (mucha gente)	många	['mɔŋa]
todos	alla	['alʲa]

a cambio de ...	i gengäld för ...	[i 'jɛŋɛld ˌfør ...]
en cambio (adv)	i utbyte	[i 'utˌbytə]
a mano (hecho ~)	för hand	[før 'hand]
poco probable	knappast	['knapast]

probablemente	sannolikt	[sanʊ'likt]
a propósito (adv)	med flit, avsiktligt	[me flit], ['avsiktlit]
por accidente (adv)	tillfälligtvis	['tilʲfɔlitvis]

muy (adv)	mycket	['mʏkə]
por ejemplo (adv)	till exempel	[tilʲ ɛk'sɛmpəl]
entre (~ nosotros)	mellan	['mɛlʲan]

entre (~ otras cosas)	**bland**	['blʲand]
tanto (~ gente)	**så mycket**	[sɔ 'mʏkə]
especialmente (adv)	**särskilt**	['sæː‚silʲt]

T&P BOOKS

NÚMEROS. MISCELÁNEA

7. Números cardinales. Unidad 1
8. Números cardinales. Unidad 2
9. Números ordinales

T&P Books Publishing

cero	**noll**	['nɔlʲ]
uno	**ett**	[ɛt]
dos	**två**	['tvoː]
tres	**tre**	['treː]
cuatro	**fyra**	['fyra]
cinco	**fem**	['fem]
seis	**sex**	['sɛks]
siete	**sju**	['ɧʉː]
ocho	**åtta**	['ota]
nueve	**nio**	['niːʊ]
diez	**tio**	['tiːʊ]
once	**elva**	['ɛlʲva]
doce	**tolv**	['tɔlʲv]
trece	**tretton**	['trɛttɔn]
catorce	**fjorton**	['fjʊːʈɔn]
quince	**femton**	['fɛmtɔn]
dieciséis	**sexton**	['sɛkstɔn]
diecisiete	**sjutton**	['ɧʉːttɔn]
dieciocho	**arton**	['aːʈɔn]
diecinueve	**nitton**	['niːttɔn]
veinte	**tjugo**	['ɕʉɡʊ]
veintiuno	**tjugoett**	['ɕʉɡʊˌɛt]
veintidós	**tjugotvå**	['ɕʉɡʊˌtvoː]
veintitrés	**tjugotre**	['ɕʉɡʊˌtreː]
treinta	**trettio**	['trɛttiʊ]
treinta y uno	**trettioett**	['trɛttiʊˌɛt]
treinta y dos	**trettiotvå**	['trɛttiʊˌtvoː]
treinta y tres	**trettiotre**	['trɛttiʊˌtreː]
cuarenta	**fyrtio**	['fœːʈiʊ]
cuarenta y uno	**fyrtioett**	['fœːʈiʊˌɛt]
cuarenta y dos	**fyrtiotvå**	['fœːʈiʊˌtvoː]
cuarenta y tres	**fyrtiotre**	['fœːʈiʊˌtreː]
cincuenta	**femtio**	['fɛmtiʊ]
cincuenta y uno	**femtioett**	['fɛmtiʊˌɛt]
cincuenta y dos	**femtiotvå**	['fɛmtiʊˌtvoː]
cincuenta y tres	**femtiotre**	['fɛmtiʊˌtreː]
sesenta	**sextio**	['sɛkstiʊ]

sesenta y uno	sextioett	['sɛkstiʊˌɛt]
sesenta y dos	sextiotvå	['sɛkstiʊˌtvo:]
sesenta y tres	sextiotre	['sɛkstiʊˌtre:]

setenta	sjuttio	['ɧuttiʊ]
setenta y uno	sjuttioett	['ɧuttiʊˌɛt]
setenta y dos	sjuttiotvå	['ɧuttiʊˌtvo:]
setenta y tres	sjuttiotre	['ɧuttiʊˌtre:]

ochenta	åttio	['ottiʊ]
ochenta y uno	åttioett	['ottiʊˌɛt]
ochenta y dos	åttiotvå	['ottiʊˌtvo:]
ochenta y tres	åttiotre	['ottiʊˌtre:]

noventa	nittio	['nittiʊ]
noventa y uno	nittioett	['nittiʊˌɛt]
noventa y dos	nittiotvå	['nittiʊˌtvo:]
noventa y tres	nittiotre	['nittiʊˌtre:]

8. Números cardinales. Unidad 2

cien	hundra (ett)	['hundra]
doscientos	tvåhundra	['tvo:ˌhundra]
trescientos	trehundra	['treˌhundra]
cuatrocientos	fyrahundra	['fyraˌhundra]
quinientos	femhundra	['femˌhundra]

seiscientos	sexhundra	['sɛksˌhundra]
setecientos	sjuhundra	['ɧʉ:ˌhundra]
ochocientos	åttahundra	['otaˌhundra]
novecientos	niohundra	['niʊˌhundra]

mil	tusen (ett)	['tʉ:sən]
dos mil	tvåtusen	['tvo:ˌtʉ:sən]
tres mil	tretusen	['tre:ˌtʉ:sən]
diez mil	tiotusen	['ti:ʊˌtʉ:sən]
cien mil	hundratusen	['hundraˌtʉ:sən]
millón (m)	miljon (en)	[mi'ljʊn]
mil millones	miljard (en)	[mi'lja:ɖ]

9. Números ordinales

primero (adj)	första	['fœ:ʂta]
segundo (adj)	andra	['andra]
tercero (adj)	tredje	['trɛdjə]
cuarto (adj)	fjärde	['fjæ:də]
quinto (adj)	femte	['fɛmtə]
sexto (adj)	sjätte	['ɧæ:tə]

séptimo (adj)	**sjunde**	['ɧundə]
octavo (adj)	**åttonde**	['ottɔndə]
noveno (adj)	**nionde**	['niːˌʊndə]
décimo (adj)	**tionde**	['tiːˌɔndə]

LOS COLORES.
LAS UNIDADES DE MEDIDA

10. Los colores
11. Las unidades de medida
12. Contenedores

T&P Books Publishing

10. Los colores

color (m)	**färg (en)**	['fæ:rj]
matiz (m)	**nyans (en)**	[ny'ans]
tono (m)	**färgton (en)**	['fæ:rj‚tʊn]
arco (m) iris	**regnbåge (en)**	['rɛgn‚bo:gə]
blanco (adj)	**vit**	['vit]
negro (adj)	**svart**	['sva:t̪]
gris (adj)	**grå**	['gro:]
verde (adj)	**grön**	['grø:n]
amarillo (adj)	**gul**	['gʉ:lʲ]
rojo (adj)	**röd**	['rø:d]
azul (adj)	**blå**	['blʲo:]
azul claro (adj)	**ljusblå**	['jʉ:s‚blʲo:]
rosa (adj)	**rosa**	['rɔsa]
naranja (adj)	**orange**	[ɔ'ranʃ]
violeta (adj)	**violett**	[viʊ'lʲet]
marrón (adj)	**brun**	['brʉ:n]
dorado (adj)	**guld-**	['gulʲd-]
argentado (adj)	**silver-**	['silʲvər-]
beige (adj)	**beige**	['bɛʃ]
crema (adj)	**cremefärgad**	['krɛ:m‚fæ:rjad]
turquesa (adj)	**turkos**	[tur'ko:s]
rojo cereza (adj)	**körsbärsröd**	['ɕø:ʂbæ:ʂ‚rø:d]
lila (adj)	**lila**	['lilʲa]
carmesí (adj)	**karmosinröd**	[kar'mosin‚rø:d]
claro (adj)	**ljus**	['jʉ:s]
oscuro (adj)	**mörk**	['mœ:rk]
vivo (adj)	**klar**	['klʲar]
de color (lápiz ~)	**färg-**	['fæ:rj-]
en colores (película ~)	**färg-**	['fæ:rj-]
blanco y negro (adj)	**svartvit**	['sva:t̪‚vit]
unicolor (adj)	**enfärgad**	['ɛn‚fæ:rjad]
multicolor (adj)	**mångfärgad**	['mɔŋ‚fæ:rjad]

11. Las unidades de medida

peso (m)	**vikt (en)**	['vikt]
longitud (f)	**längd (en)**	[lʲɛŋd]

anchura (f)	bredd (en)	['brɛd]
altura (f)	höjd (en)	['hœjd]
profundidad (f)	djup (ett)	['jɯːp]
volumen (m)	volym (en)	[vɔ'lʲym]
área (f)	yta, areal (en)	['yta], [are'alʲ]

gramo (m)	gram (ett)	['gram]
miligramo (m)	milligram (ett)	['miliˌgram]
kilogramo (m)	kilogram (ett)	[ɕilʲo'gram]
tonelada (f)	ton (en)	['tʊn]
libra (f)	skålpund (ett)	['skoːlʲˌpund]
onza (f)	uns (ett)	['uns]

metro (m)	meter (en)	['metər]
milímetro (m)	millimeter (en)	['miliˌmetər]
centímetro (m)	centimeter (en)	[sɛnti'metər]
kilómetro (m)	kilometer (en)	[ɕilʲo'metər]
milla (f)	mil (en)	['milʲ]

pulgada (f)	tum (en)	['tum]
pie (m)	fot (en)	['fʊt]
yarda (f)	yard (en)	['jaːd̪]

metro (m) cuadrado	kvadratmeter (en)	[kva'dratˌmetər]
hectárea (f)	hektar (ett)	[hɛk'tar]
litro (m)	liter (en)	['litər]
grado (m)	grad (en)	['grad]
voltio (m)	volt (en)	['vɔlʲt]
amperio (m)	ampere (en)	[am'pɛr]
caballo (m) de fuerza	hästkraft (en)	['hɛstˌkraft]

cantidad (f)	mängd, kvantitet (en)	['mɛŋt], [kwanti'tet]
un poco de …	få …, inte många …	['fo: …], ['intə 'mɔŋa …]
mitad (f)	hälft (en)	['hɛlʲft]
docena (f)	dussin (ett)	['dusin]
pieza (f)	stycke (ett)	['stʏkə]

| dimensión (f) | storlek (en) | ['stʊːˌlʲek] |
| escala (f) (del mapa) | skala (en) | ['skalʲa] |

mínimo (adj)	minimal	[mini'malʲ]
el más pequeño (adj)	minst	['minst]
medio (adj)	medel	['medəlʲ]
máximo (adj)	maximal	[maksi'malʲ]
el más grande (adj)	störst	['stø:ʂt]

12. Contenedores

| tarro (m) de vidrio | glasburk (en) | ['glʲasˌburk] |
| lata (f) | burk (en) | ['burk] |

cubo (m)	hink (en)	['hiŋk]
barril (m)	tunna (en)	['tuna]
palangana (f)	tvättfat (ett)	['tvæt‚fat]
tanque (m)	tank (en)	['taŋk]
petaca (f) (de alcohol)	plunta, fickflaska (en)	['plʉnta], ['fik‚flʲaska]
bidón (m) de gasolina	dunk (en)	['du:ŋk]
cisterna (f)	tank (en)	['taŋk]
taza (f) (mug de cerámica)	mugg (en)	['mug]
taza (f) (~ de café)	kopp (en)	['kop]
platillo (m)	tefat (ett)	['te‚fat]
vaso (m) (~ de agua)	glas (ett)	['glʲas]
copa (f) (~ de vino)	vinglas (ett)	['vin‚glʲas]
olla (f)	kastrull, gryta (en)	[ka'strulʲ], ['gryta]
botella (f)	flaska (en)	['flʲaska]
cuello (m) de botella	flaskhals (en)	['flʲask‚halʲs]
garrafa (f)	karaff (en)	[ka'raf]
jarro (m) (~ de agua)	kanna (en) med handtag	['kana me 'han‚tag]
recipiente (m)	behållare (en)	[be'ho:lʲarə]
tarro (m)	kruka (en)	['krʉka]
florero (m)	vas (en)	['vas]
frasco (m) (~ de perfume)	flakong (en)	[flʲa'kɔŋ]
frasquito (m)	flaska (en)	['flʲaska]
tubo (m)	tub (en)	['tʉ:b]
saco (m) (~ de azúcar)	säck (en)	['sɛk]
bolsa (f) (~ plástica)	påse (en)	['po:sə]
paquete (m) (~ de cigarrillos)	paket (ett)	[pa'ket]
caja (f)	ask (en)	['ask]
cajón (m) (~ de madera)	låda (en)	['lʲo:da]
cesta (f)	korg (en)	['kɔrj]

LOS VERBOS
MÁS IMPORTANTES

13. Los verbos más importantes.
    Unidad 1
14. Los verbos más importantes.
    Unidad 2
15. Los verbos más importantes.
    Unidad 3
16. Los verbos más importantes.
    Unidad 4

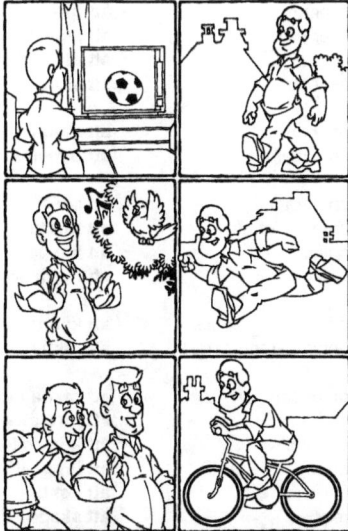

T&P Books Publishing

abrir (vt)	att öppna	[at 'øpna]
acabar, terminar (vt)	att sluta	[at 'slʉ:ta]
aconsejar (vt)	att råda	[at 'ro:da]
adivinar (vt)	att gissa	[at 'jisa]
advertir (vt)	att varna	[at 'va:ɲa]
alabarse, jactarse (vr)	att skryta	[at 'skryta]

almorzar (vi)	att äta lunch	[at 'ɛ:ta ˌlʉnɕ]
alquilar (~ una casa)	att hyra	[at 'hyra]
amenazar (vt)	att hota	[at 'hʊta]
arrepentirse (vr)	att beklaga	[at be'klʲaga]
ayudar (vt)	att hjälpa	[at 'jɛlʲpa]
bañarse (vr)	att bada	[at 'bada]

bromear (vi)	att skämta, att skoja	[at 'ɧɛmta], [at 'skɔja]
buscar (vt)	att söka ...	[at 'sø:ka ...]
caer (vi)	att falla	[at 'falʲa]
callarse (vr)	att tiga	[at 'tiga]

| cambiar (vt) | att ändra | [at 'ɛndra] |
| castigar, punir (vt) | att straffa | [at 'strafa] |

cavar (vt)	att gräva	[at 'grɛ:va]
cazar (vi, vt)	att jaga	[at 'jaga]
cenar (vi)	att äta kvällsmat	[at 'ɛ:ta 'kvɛlʲsˌmat]
cesar (vt)	att sluta	[at 'slʉ:ta]

| coger (vt) | att fånga | [at 'fɔŋa] |
| comenzar (vt) | att begynna | [at be'jina] |

comparar (vt)	att jämföra	[at 'jɛmˌføra]
comprender (vt)	att förstå	[at fœ:'ʂto:]
confiar (vt)	att lita på	[at 'lita pɔ]
confundir (vt)	att förväxla	[at før'vɛkslʲa]

| conocer (~ a alguien) | att känna | [at 'ɕɛna] |
| contar (vt) (enumerar) | att räkna | [at 'rɛkna] |

contar con ...	att räkna med ...	[at 'rɛkna me ...]
continuar (vt)	att fortsätta	[at 'fʊtˌsæta]
controlar (vt)	att kontrollera	[at kɔntrɔ'lʲera]
correr (vi)	att löpa, att springa	[at 'lʲø:pa], [at 'spriŋa]
costar (vt)	att kosta	[at 'kɔsta]
crear (vt)	att skapa	[at 'skapa]

14. Los verbos más importantes. Unidad 2

dar (vt)	att ge	[at je:]
dar una pista	att ge en vink	[at je: en 'viŋk]
decir (vt)	att säga	[at 'sɛ:ja]
decorar (para la fiesta)	att pryda	[at 'pryda]
defender (vt)	att försvara	[at fœ:'ʂvara]
dejar caer	att tappa	[at 'tapa]
desayunar (vi)	att äta frukost	[at 'ɛ:ta 'frʉ:kɔst]
descender (vi)	att gå ned	[at 'go: ‚ned]
dirigir (administrar)	att styra, att leda	[at 'styra], [at 'lʲeda]
disculpar (vt)	att ursäkta	[at 'ʉ:‚ʂɛkta]
disculparse (vr)	att ursäkta sig	[at 'ʉ:‚ʂɛkta sɛj]
discutir (vt)	att diskutera	[at diskʉ'tera]
dudar (vt)	att tvivla	[at 'tvivlʲa]
encontrar (hallar)	att finna	[at 'fina]
engañar (vi, vt)	att fuska	[at 'fʉska]
entrar (vi)	att komma in	[at 'kɔma 'in]
enviar (vt)	att skicka	[at 'ɧika]
equivocarse (vr)	att göra fel	[at 'jø:ra ‚felʲ]
escoger (vt)	att välja	[at 'vɛlja]
esconder (vt)	att gömma	[at 'jœma]
escribir (vt)	att skriva	[at 'skriva]
esperar (aguardar)	att vänta	[at 'vɛnta]
esperar (tener esperanza)	att hoppas	[at 'hɔpas]
estar de acuerdo	att samtycka	[at 'sam‚tʏka]
estudiar (vt)	att studera	[at stu'dera]
exigir (vt)	att kräva	[at 'krɛ:va]
existir (vi)	att existera	[at ɛksi'stera]
explicar (vt)	att förklara	[at før'klʲara]
faltar (a las clases)	att missa	[at 'misa]
firmar (~ el contrato)	att underteckna	[at 'undə‚tɛkna]
girar (~ a la izquierda)	att svänga	[at 'svɛŋa]
gritar (vi)	att skrika	[at 'skrika]
guardar (conservar)	att behålla	[at be'ho:lʲa]
gustar (vi)	att gilla	[at 'jilʲa]
hablar (vi, vt)	att tala	[at 'talʲa]
hacer (vt)	att göra	[at 'jø:ra]
informar (vt)	att informera	[at infor'mera]
insistir (vi)	att insistera	[at insi'stera]
insultar (vt)	att förolämpa	[at 'førʊ‚lʲɛmpa]
interesarse (vr)	att intressera sig	[at intrɛ'sera sɛj]
invitar (vt)	att inbjuda, att invitera	[at in'bjʉ:da], [at invi'tera]

| ir (a pie) | att gå | [at 'go:] |
| jugar (divertirse) | att leka | [at 'lʲeka] |

15. Los verbos más importantes. Unidad 3

leer (vi, vt)	att läsa	[at 'lʲɛ:sa]
liberar (ciudad, etc.)	att befria	[at be'fria]
llamar (por ayuda)	att tillkalla	[at 'tilʲˌkalʲa]
llegar (vi)	att ankomma	[at 'anˌkɔma]
llorar (vi)	att gråta	[at 'gro:ta]

matar (vt)	att döda, att mörda	[at 'dø:da], [at 'mø:dʲa]
mencionar (vt)	att omnämna	[at 'ɔmˌnɛmna]
mostrar (vt)	att visa	[at 'visa]
nadar (vi)	att simma	[at 'sima]

negarse (vr)	att vägra	[at 'vɛgra]
objetar (vt)	att invända	[at 'inˌvɛnda]
observar (vt)	att observera	[at ɔbsɛr'vera]
oír (vt)	att höra	[at 'hø:ra]

olvidar (vt)	att glömma	[at 'glʲœma]
orar (vi)	att be	[at 'be:]
ordenar (mil.)	att beordra	[at be'o:dʲra]
pagar (vi, vt)	att betala	[at be'talʲa]
pararse (vr)	att stanna	[at 'stana]

participar (vi)	att delta	[at 'dɛlʲta]
pedir (ayuda, etc.)	att be	[at 'be:]
pedir (en restaurante)	att beställa	[at be'stɛlʲa]
pensar (vi, vt)	att tänka	[at 'tɛŋka]

percibir (ver)	att märka	[at 'mæ:rka]
perdonar (vt)	att förlåta	[at 'fœ:ˌlʲo:ta]
permitir (vt)	att tillåta	[at 'tilʲo:ta]
pertenecer a …	att tillhöra …	[at 'tilʲˌhø:ra …]

planear (vt)	att planera	[at plʲa'nera]
poder (v aux)	att kunna	[at 'kuna]
poseer (vt)	att besitta, att äga	[at be'sita], [at 'ɛ:ga]
preferir (vt)	att föredra	[at 'førədra]
preguntar (vt)	att fråga	[at 'fro:ga]

preparar (la cena)	att laga	[at 'lʲaga]
prever (vt)	att förutse	[at 'førɵtˌsə]
probar, tentar (vt)	att pröva	[at 'prø:va]
prometer (vt)	att lova	[at 'lʲova]
pronunciar (vt)	att uttala	[at 'ɵtˌtalʲa]
proponer (vt)	att föreslå	[at 'førəˌslʲo:]
quebrar (vt)	att bryta	[at 'bryta]

quejarse (vr)	att klaga	[at 'klʲaga]
querer (amar)	att älska	[at 'ɛlʲska]
querer (desear)	att vilja	[at 'vilja]

16. Los verbos más importantes. Unidad 4

recomendar (vt)	att rekommendera	[at rekɔmən'dera]
regañar, reprender (vt)	att skälla	[at 'ŋɛlʲa]
reírse (vr)	att skratta	[at 'skrata]
repetir (vt)	att upprepa	[at 'uprepa]
reservar (~ una mesa)	att reservera	[at resɛr'vera]
responder (vi, vt)	att svara	[at 'svara]

robar (vt)	att stjäla	[at 'ŋɛ:lʲa]
saber (~ algo mas)	att veta	[at 'veta]
salir (vi)	att gå ut	[at 'go: ʉt]
salvar (vt)	att rädda	[at 'rɛda]
seguir ...	att följa efter ...	[at 'følja 'ɛftər ...]
sentarse (vr)	att sätta sig	[at 'sæta sɛj]

ser necesario	att vara behövd	[at 'vara be'hø:vd]
ser, estar (vi)	att vara	[at 'vara]
significar (vt)	att betyda	[at be'tyda]
sonreír (vi)	att småle	[at 'smo:lʲe]
sorprenderse (vr)	att bli förvånad	[at bli før'vo:nad]

subestimar (vt)	att underskatta	[at 'undə‚skata]
tener (vt)	att ha	[at 'ha]
tener hambre	att vara hungrig	[at 'vara 'huŋrig]
tener miedo	att frukta	[at 'frʉkta]

tener prisa	att skynda sig	[at 'ŋynda sɛj]
tener sed	att vara törstig	[at 'vara 'tø:ʂtig]
tirar, disparar (vi)	att skjuta	[at 'ŋʉ:ta]
tocar (con las manos)	att röra	[at 'rø:ra]
tomar (vt)	att ta	[at ta]
tomar nota	att skriva ner	[at 'skriva ner]

trabajar (vi)	att arbeta	[at 'ar‚beta]
traducir (vt)	att översätta	[at 'ø:ve‚sæta]
unir (vt)	att förena	[at 'førena]
vender (vt)	att sälja	[at 'sɛlja]
ver (vt)	att se	[at 'se:]
volar (pájaro, avión)	att flyga	[at 'flʲyga]

LA HORA. EL CALENDARIO

17. Los días de la semana
18. Las horas. El día y la noche
19. Los meses. Las estaciones

lunes (m)	måndag (en)	['mɔŋˌdag]
martes (m)	tisdag (en)	['tisˌdag]
miércoles (m)	onsdag (en)	['ʊnsˌdag]
jueves (m)	torsdag (en)	['tʊːʂˌdag]
viernes (m)	fredag (en)	['freˌdag]
sábado (m)	lördag (en)	['lʲøːdag]
domingo (m)	söndag (en)	['sœnˌdag]

hoy (adv)	i dag	[i 'dag]
mañana (adv)	i morgon	[i 'mɔrgɔn]
pasado mañana	i övermorgon	[i 'øːvəˌmɔrgɔn]
ayer (adv)	i går	[i 'goːr]
anteayer (adv)	i förrgår	[i 'fœːrˌgoːr]

día (m)	dag (en)	['dag]
día (m) de trabajo	arbetsdag (en)	['arbetsˌdag]
día (m) de fiesta	helgdag (en)	['hɛljˌdag]
día (m) de descanso	ledig dag (en)	['lʲedig ˌdag]
fin (m) de semana	helg, veckohelg (en)	[hɛlj], ['vɛkɔˌhɛlj]

todo el día	hela dagen	['helʲa 'dagən]
al día siguiente	nästa dag	['nɛsta ˌdag]
dos días atrás	för två dagar sedan	[før ˌtvo: 'dagar 'sedan]
en vísperas (adv)	dagen innan	['dagən 'inan]
diario (adj)	daglig	['daglig]
cada día (adv)	varje dag	['varjə dag]

semana (f)	vecka (en)	['vɛka]
semana (f) pasada	förra veckan	['fœːra 'vɛkan]
semana (f) que viene	i nästa vecka	[i 'nɛsta 'vɛka]
semanal (adj)	vecko-	['vɛkɔ-]
cada semana (adv)	varje vecka	['varjə 'vɛka]
2 veces por semana	två gångar i veckan	[tvo: 'goŋar i 'vɛkan]
todos los martes	varje tisdag	['varjə ˌtisdag]

mañana (f)	morgon (en)	['mɔrgɔn]
por la mañana	på morgonen	[pɔ 'mɔrgɔnən]
mediodía (m)	middag (en)	['midˌdag]
por la tarde	på eftermiddagen	[pɔ 'ɛftəˌmidagən]
noche (f)	kväll (en)	[kvɛlʲ]

por la noche	på kvällen	[pɔ 'kvɛlʲen]
noche (f) (p.ej. 2:00 a.m.)	natt (en)	['nat]
por la noche	om natten	[ɔm 'natən]
medianoche (f)	midnatt (en)	['mid͵nat]

segundo (m)	sekund (en)	[se'kund]
minuto (m)	minut (en)	[mi'nʉ:t]
hora (f)	timme (en)	['timə]
media hora (f)	halvtimme (en)	['halʲv͵timə]
cuarto (m) de hora	kvart (en)	['kva:t]
quince minutos	femton minuter	['fɛmtɔn mi'nʉ:tər]
veinticuatro horas	dygn (ett)	['dɤgn]

salida (f) del sol	soluppgång (en)	['sʊlʲ ͵up'gɔn]
amanecer (m)	gryning (en)	['gryniŋ]
madrugada (f)	tidig morgon (en)	['tidig 'mɔrgɔn]
puesta (f) del sol	solnedgång (en)	['sʊlʲ 'ned͵gɔŋ]

de madrugada	tidigt på morgonen	['tidit pɔ 'mɔrgɔnən]
esta mañana	i morse	[i 'mɔ:ʂə]
mañana por la mañana	i morgon bitti	[i 'mɔrgɔn 'biti]

esta tarde	i eftermiddag	[i 'ɛftə͵midag]
por la tarde	på eftermiddagen	[pɔ 'ɛftə͵midagən]
mañana por la tarde	i morgon eftermiddag	[i 'mɔrgɔn 'ɛftə͵midag]

esta noche	i kväll	[i 'kvɛlʲ]
(p.ej. 8:00 p.m.)		
mañana por la noche	i morgon kväll	[i 'mɔrgɔn 'kvɛlʲ]

a las tres en punto	precis klockan tre	[prɛ'sis 'klʲɔkan tre:]
a eso de las cuatro	vid fyratiden	[vid 'fyra͵tidən]
para las doce	vid klockan tolv	[vid 'klʲɔkan 'tɔlʲv]

dentro de veinte minutos	om tjugo minuter	[ɔm 'ɕʉgɔ mi'nʉ:tər]
dentro de una hora	om en timme	[ɔm en 'timə]
a tiempo (adv)	i tid	[i 'tid]

… menos cuarto	kvart i …	['kva:t i …]
durante una hora	inom en timme	['inɔm en 'timə]
cada quince minutos	varje kvart	['varjə kva:t]
día y noche	dygnet runt	['dɤngnet ͵runt]

19. Los meses. Las estaciones

enero (m)	januari	['janu͵ari]
febrero (m)	februari	[fɛbrʉ'ari]
marzo (m)	mars	['ma:ʂ]
abril (m)	april	[a'prilʲ]
mayo (m)	maj	['maj]

junio (m)	**juni**	['ju:ni]
julio (m)	**juli**	['ju:li]
agosto (m)	**augusti**	[au'gusti]
septiembre (m)	**september**	[sɛp'tɛmbər]
octubre (m)	**oktober**	[ɔk'tʊbər]
noviembre (m)	**november**	[nɔ'vɛmbər]
diciembre (m)	**december**	[de'sɛmbər]

primavera (f)	**vår (en)**	['vo:r]
en primavera	**på våren**	[pɔ 'vo:rən]
de primavera (adj)	**vår-**	['vo:r-]

verano (m)	**sommar (en)**	['sɔmar]
en verano	**på sommaren**	[pɔ 'sɔmarən]
de verano (adj)	**sommar-**	['sɔmar-]

otoño (m)	**höst (en)**	['høst]
en otoño	**på hösten**	[pɔ 'høstən]
de otoño (adj)	**höst-**	['høst-]

invierno (m)	**vinter (en)**	['vintər]
en invierno	**på vintern**	[pɔ 'vintərn]
de invierno (adj)	**vinter-**	['vintər-]

mes (m)	**månad (en)**	['mo:nad]
este mes	**den här månaden**	[dɛn hæ:r 'mo:nadən]
al mes siguiente	**nästa månad**	['nɛsta 'mo:nad]
el mes pasado	**förra månaden**	['fœ:ra 'mo:nadən]

hace un mes	**för en månad sedan**	['før en 'mo:nad 'sedan]
dentro de un mes	**om en månad**	[ɔm en 'mo:nad]
dentro de dos meses	**om två månader**	[ɔm tvo: 'mo:nadər]
todo el mes	**en hel månad**	[en helʲ 'mo:nad]
todo un mes	**hela månaden**	['helʲa 'mo:nadən]

mensual (adj)	**månatlig**	[mo'natlig]
mensualmente (adv)	**månatligen**	[mo'natligən]
cada mes	**varje månad**	['varjə ˌmo:nad]
dos veces por mes	**två gånger i månaden**	[tvo: 'gɔŋər i 'mo:nadən]

año (m)	**år (ett)**	['o:r]
este año	**i år**	[i 'o:r]
el próximo año	**nästa år**	['nɛsta ˌo:r]
el año pasado	**i fjol, förra året**	[i 'fjʊlʲ], ['fœ:ra 'o:ret]

hace un año	**för ett år sedan**	['før et 'o:r 'sedan]
dentro de un año	**om ett år**	[ɔm et 'o:r]
dentro de dos años	**om två år**	[ɔm tvo: 'o:r]
todo el año	**ett helt år**	[ɛt helʲt 'o:r]
todo un año	**hela året**	['helʲa 'o:ret]
cada año	**varje år**	['varjə 'o:r]
anual (adj)	**årlig**	['o:l̪ig]

anualmente (adv)	**årligen**	['oː[igən]
cuatro veces por año	**fyra gånger om året**	['fyra 'gɔŋər ɔm 'oːret]
fecha (f) (la ~ de hoy es …)	**datum (ett)**	['datum]
fecha (f) (~ de entrega)	**datum (ett)**	['datum]
calendario (m)	**almanacka (en)**	['alʲmanaka]
medio año (m)	**halvår (ett)**	['halʲvˌoːr]
seis meses	**halvår (ett)**	['halʲvˌoːr]
estación (f)	**årstid (en)**	['oːʂˌtid]
siglo (m)	**sekel (ett)**	['sekəlʲ]

EL VIAJE. EL HOTEL

20. Las vacaciones. El viaje
21. El hotel
22. El turismo. La excursión

USD   CAD
EUR   CHF
JPY   HKD
GBP   CNY

RECEPTION

T&P Books Publishing

turismo (m)	**turism (en)**	[tu'rism]
turista (m)	**turist (en)**	[tu'rist]
viaje (m)	**resa (en)**	['resa]
aventura (f)	**äventyr (ett)**	['ɛːvɛnˌtyr]
viaje (m) (p.ej. ~ en coche)	**tripp (en)**	['trip]
vacaciones (f pl)	**semester (en)**	[se'mɛstər]
estar de vacaciones	**att ha semester**	[at ha se'mɛstər]
descanso (m)	**uppehåll (ett), vila (en)**	['upə'hoːlʲ], ['vilʲa]
tren (m)	**tåg (ett)**	['toːg]
en tren	**med tåg**	[me 'toːg]
avión (m)	**flygplan (ett)**	['flʲygplʲan]
en avión	**med flygplan**	[me 'flʲygplʲan]
en coche	**med bil**	[me 'bilʲ]
en barco	**med båt**	[me 'boːt]
equipaje (m)	**bagage (ett)**	[ba'gaːʃ]
maleta (f)	**resväska (en)**	['rɛsˌvɛska]
carrito (m) de equipaje	**bagagevagn (en)**	[ba'gaːʃ ˌvagn]
pasaporte (m)	**pass (ett)**	['pas]
visado (m)	**visum (ett)**	['viːsum]
billete (m)	**biljett (en)**	[bi'lʲet]
billete (m) de avión	**flygbiljett (en)**	['flʲyg biˌlʲet]
guía (f) (libro)	**reseguidebok (en)**	['reseˌgajdbʊk]
mapa (m)	**karta (en)**	['kaːʈa]
área (f) (~ rural)	**område (ett)**	['omˌroːdə]
lugar (m)	**plats (en)**	['plʲats]
exotismo (m)	**(det) exotiska**	[ɛ'ksɔtiska]
exótico (adj)	**exotisk**	[ɛk'sɔtisk]
asombroso (adj)	**förunderlig**	[fø'rundelig]
grupo (m)	**grupp (en)**	['grup]
excursión (f)	**utflykt (en)**	['ʉtˌflʲykt]
guía (m) (persona)	**guide (en)**	['gajd]

hotel (m)	**hotell (ett)**	[hʊ'tɛlʲ]
motel (m)	**motell (ett)**	[mʊ'tɛlʲ]

de tres estrellas	trestjärnigt	['treˌɧæːɳit]
de cinco estrellas	femstjärnigt	[fɛmˌɧæːɳit]
hospedarse (vr)	att bo	[at 'buː]

habitación (f)	rum (ett)	['ruːm]
habitación (f) individual	enkelrum (ett)	['ɛŋkəlʲˌruːm]
habitación (f) doble	dubbelrum (ett)	['dubəlʲˌruːm]
reservar una habitación	att boka rum	[at 'buka 'ruːm]

| media pensión (f) | halvpension (en) | ['halʲvˌpan'ɧʊn] |
| pensión (f) completa | helpension (en) | ['helʲˌpan'ɧʊn] |

con baño	med badkar	[me 'badˌkar]
con ducha	med dusch	[me 'duʃ]
televisión (f) satélite	satellit-TV (en)	[satɛ'liːt 'teve]
climatizador (m)	luftkonditionerare (en)	['lʊftˌkɔndiɧʊ'nerarə]
toalla (f)	handduk (en)	['handˌduːk]
llave (f)	nyckel (en)	['nʏkəlʲ]

administrador (m)	administratör (en)	[administra'tør]
camarera (f)	städerska (en)	['stɛːdɛʂka]
maletero (m)	bärare (en)	['bæːrarə]
portero (m)	portier (en)	[pɔː'tʲeː]

restaurante (m)	restaurang (en)	[rɛstɔ'raŋ]
bar (m)	bar (en)	['bar]
desayuno (m)	frukost (en)	['fruːkɔst]
cena (f)	kvällsmat (en)	['kvɛlʲsˌmat]
buffet (m) libre	buffet (en)	[bu'fet]

| vestíbulo (m) | lobby (en) | ['lʲɔbi] |
| ascensor (m) | hiss (en) | ['his] |

| NO MOLESTAR | STÖR EJ! | ['støːr ɛj] |
| PROHIBIDO FUMAR | RÖKNING FÖRBJUDEN | ['rœkniŋ før'bjʉːdən] |

22. El turismo. La excursión

monumento (m)	monument (ett)	[mɔnu'mɛnt]
fortaleza (f)	fästning (en)	['fɛstniŋ]
palacio (m)	palats (ett)	[pa'lʲats]
castillo (m)	borg (en)	['bɔrj]
torre (f)	torn (ett)	['tuːɳ]
mausoleo (m)	mausoleum (ett)	[mausu'lʲeum]

arquitectura (f)	arkitektur (en)	[arkitɛk'tʉːr]
medieval (adj)	medeltida	['medəlʲˌtida]
antiguo (adj)	gammal	['gamalʲ]
nacional (adj)	nationell	[natɧʊ'nɛlʲ]
conocido (adj)	berömd	[be'rœmd]

turista (m)	**turist (en)**	[tu'rist]
guía (m) (persona)	**guide (en)**	['gajd]
excursión (f)	**utflykt (en)**	['ɵt̪ˌflʲykt]
mostrar (vt)	**att visa**	[at 'visa]
contar (una historia)	**att berätta**	[at be'ræta]
encontrar (hallar)	**att hitta**	[at 'hita]
perderse (vr)	**att gå vilse**	[at 'go: 'vilʲsə]
plano (m) (~ de metro)	**karta (en)**	['ka:ʈa]
mapa (m) (~ de la ciudad)	**karta (en)**	['ka:ʈa]
recuerdo (m)	**souvenir (en)**	[suvɛ'ni:r]
tienda (f) de regalos	**souvenirbutik (en)**	[suvɛ'ni:r bu'tik]
hacer fotos	**att fotografera**	[at fʊtʊgra'fera]
fotografiarse (vr)	**att bli fotograferad**	[at bli fʊtʊgra'ferad]

T&P BOOKS

EL TRANSPORTE

23. El aeropuerto
24. El avión
25. El tren
26. El barco

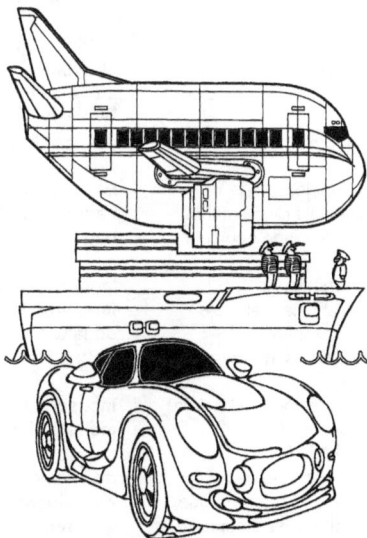

T&P Books Publishing

aeropuerto (m)	flygplats (en)	['flʲyg,plʲats]
avión (m)	flygplan (ett)	['flʲygplʲan]
compañía (f) aérea	flygbolag (ett)	['flʲyg,buʲlʲag]
controlador (m) aéreo	flygledare (en)	['flʲyg,lʲedarə]
despegue (m)	avgång (en)	['av,gɔŋ]
llegada (f)	ankomst (en)	['aŋ,kɔmst]
llegar (en avión)	att ankomma	[at 'aŋ,kɔma]
hora (f) de salida	avgångstid (en)	['avgɔŋs,tid]
hora (f) de llegada	ankomsttid (en)	['aŋkɔmst,tid]
retrasarse (vr)	att bli försenad	[at bli fœ:'ṣɛnad]
retraso (m) de vuelo	avgångsförsening (en)	['avgɔŋs,fœ:'ṣɛniŋ]
pantalla (f) de información	informationstavla (en)	[infɔrma'ɧʊns,tavlʲa]
información (f)	information (en)	[infɔrma'ɧʊn]
anunciar (vt)	att meddela	[at 'me,delʲa]
vuelo (m)	flyg (ett)	['flʲyg]
aduana (f)	tull (en)	['tulʲ]
aduanero (m)	tulltjänsteman (en)	['tulʲ 'ɕɛnstə,man]
declaración (f) de aduana	tulldeklaration (en)	['tulʲ,dɛklʲara'ɧʊn]
rellenar (vt)	att fylla i	[at 'fylʲa 'i]
rellenar la declaración	att fylla i en tulldeklaration	[at 'fylʲa i en 'tulʲ,dɛklʲara'ɧʊn]
control (m) de pasaportes	passkontroll (en)	['paskɔn,trolʲ]
equipaje (m)	bagage (ett)	[ba'ga:ʃ]
equipaje (m) de mano	handbagage (ett)	['hand ba,ga:ʃ]
carrito (m) de equipaje	bagagevagn (en)	[ba'ga:ʃ ,vagn]
aterrizaje (m)	landning (en)	['lʲandniŋ]
pista (f) de aterrizaje	landningsbana (en)	['lʲandniŋs,bana]
aterrizar (vi)	att landa	[at 'lʲanda]
escaleras (f pl) (de avión)	trappa (en)	['trapa]
facturación (f) (check-in)	incheckning (en)	['in,ɕɛkniŋ]
mostrador (m) de facturación	incheckningsdisk (en)	['in,ɕɛkniŋs 'disk]
hacer el check-in	att checka in	[at 'ɕɛka in]
tarjeta (f) de embarque	boardingkort (ett)	['bɔ:dɪŋ,kɔ:t]
puerta (f) de embarque	gate (en)	['gejt]

tránsito (m)	transit (en)	['transit]
esperar (aguardar)	att vänta	[at 'vɛnta]
zona (f) de preembarque	väntsal (en)	['vɛntˌsalʲ]
despedir (vt)	att vinka av	[at 'viŋka av]
despedirse (vr)	att säga adjö	[at 'sɛːja aˈjøː]

24. El avión

avión (m)	flygplan (ett)	['flʲygplʲan]
billete (m) de avión	flygbiljett (en)	['flʲyg biˌlʲet]
compañía (f) aérea	flygbolag (ett)	['flʲygˌbulʲag]
aeropuerto (m)	flygplats (en)	['flʲygˌplʲats]
supersónico (adj)	överljuds-	['øːvərjʉːds-]

comandante (m)	kapten (en)	[kap'ten]
tripulación (f)	besättning (en)	[be'sætniŋ]
piloto (m)	pilot (en)	[pi'lʲʊt]
azafata (f)	flygvärdinna (en)	['flʲygˌvæːdɪna]
navegador (m)	styrman (en)	['styrˌman]

alas (f pl)	vingar (pl)	['viŋar]
cola (f)	stjärtfena (en)	['ɧæːʈ feːna]
cabina (f)	cockpit, förarkabin (en)	['kɔkpit], ['føːrarˌka'bin]
motor (m)	motor (en)	['mʊtʊr]
tren (m) de aterrizaje	landningsställ (ett)	['lʲandniŋsˌstɛlʲ]
turbina (f)	turbin (en)	[tur'bin]

hélice (f)	propeller (en)	[prʊ'pɛlʲər]
caja (f) negra	svart låda (en)	['svaːʈ 'lʲoːda]
timón (m)	styrspak (ett)	['styːˌspak]
combustible (m)	bränsle (ett)	['brɛnslʲe]

instructivo (m) de seguridad	säkerhetsinstruktion (en)	['sɛːkərhets instruk'ɧʊn]
respirador (m) de oxígeno	syremask (en)	['syreˌmask]
uniforme (m)	uniform (en)	[uni'fɔrm]
chaleco (m) salvavidas	räddningsväst (en)	['rɛdniŋˌvɛst]
paracaídas (m)	fallskärm (en)	['falʲˌɧæːrm]

despegue (m)	start (en)	['staːʈ]
despegar (vi)	att lyfta	[at 'lʲyfta]
pista (f) de despegue	startbana (en)	['staːʈˌbaːna]

visibilidad (f)	siktbarhet (en)	['siktbarˌhet]
vuelo (m)	flygning (en)	['flʲygniŋ]
altura (f)	höjd (en)	['hœjd]
pozo (m) de aire	luftgrop (en)	['lʉftˌgrʊp]

asiento (m)	plats (en)	['plʲats]
auriculares (m pl)	hörlurar (pl)	['hœːˌlʲʉːrar]
mesita (f) plegable	utfällbart bord (ett)	['ʉtfɛlʲˌbart 'bʊːɖ]

| ventana (f) | fönster (ett) | ['fœnstər] |
| pasillo (m) | mittgång (en) | ['mit,gɔŋ] |

25. El tren

tren (m)	tåg (ett)	['to:g]
tren (m) de cercanías	lokaltåg, pendeltåg (ett)	[lɔ'kal,to:g], ['pendəl,to:g],
tren (m) rápido	expresståg (ett)	[ɛks'prɛs,to:g]
locomotora (f) diésel	diesellokomotiv (ett)	['disəlʲ lʲɔkɔmɔ'tiv]
tren (m) de vapor	ånglokomotiv (en)	['ɔŋ,lʲɔkɔmɔ'tiv]

| coche (m) | vagn (en) | ['vagn] |
| coche (m) restaurante | restaurangvagn (en) | [rɛstɔ'raŋ,vagn] |

rieles (m pl)	räls, rälsar (pl)	['rɛlʲs], ['rɛlʲsar]
ferrocarril (m)	järnväg (en)	['jæ:ɳ,vɛ:g]
traviesa (f)	sliper (en)	['slipər]

plataforma (f)	perrong (en)	[pɛ'rɔŋ]
vía (f)	spår (ett)	['spo:r]
semáforo (m)	semafor (en)	[sema'fɔr]
estación (f)	station (en)	[sta'ɧʊn]

maquinista (m)	lokförare (en)	['lʲʊk,fø:rarə]
maletero (m)	bärare (en)	['bæ:rarə]
mozo (m) del vagón	tågvärd (en)	['to:g,væ:d]
pasajero (m)	passagerare (en)	[pasa'ɧerarə]
revisor (m)	kontrollant (en)	[kɔntrɔ'lʲant]

| corredor (m) | korridor (en) | [kɔri'dɔ:r] |
| freno (m) de urgencia | nödbroms (en) | ['nø:d,brɔms] |

compartimiento (m)	kupé (en)	[kʉ'pe:]
litera (f)	slaf, säng (en)	['slaf], ['sɛŋ]
litera (f) de arriba	överslaf (en)	['øvə,slaf]
litera (f) de abajo	underslaf (en)	['undə,slaf]
ropa (f) de cama	sängkläder (pl)	['sɛŋ,klʲɛ:dər]

billete (m)	biljett (en)	[bi'lʲet]
horario (m)	tidtabell (en)	['tid ta'bɛlʲ]
pantalla (f) de información	informationstavla (en)	[informa'ɧʊns,tavlʲa]

partir (vi)	att avgå	[at 'av,go:]
partida (f) (del tren)	avgång (en)	['av,gɔŋ]
llegar (tren)	att ankomma	[at 'aŋ,kɔma]
llegada (f)	ankomst (en)	['aŋ,kɔmst]

llegar en tren	att ankomma med tåget	[at 'aŋ,kɔma me 'to:gət]
tomar el tren	att stiga på tåget	[at 'stiga pɔ 'to:gət]
bajar del tren	att stiga av tåget	[at 'stiga av 'to:gət]

descarrilamiento (m)	tågolycka (en)	['toːg ʊːˈlʲyka]
descarrilarse (vr)	att spåra ur	[at ˈspoːra ʉːr]
tren (m) de vapor	ånglokomotiv (en)	[ˈɔŋˌlʲɔkɔmɔˈtiv]
fogonero (m)	eldare (en)	[ˈɛlʲdarə]
hogar (m)	eldstad (en)	[ˈɛlʲdˌstad]
carbón (m)	kol (ett)	[ˈkɔlʲ]

26. El barco

| barco, buque (m) | skepp (ett) | [ˈʃɛp] |
| navío (m) | fartyg (ett) | [ˈfaːˌtyg] |

buque (m) de vapor	ångbåt (en)	[ˈɔŋˌboːt]
motonave (f)	flodbåt (en)	[ˈflʲʊdˌboːt]
trasatlántico (m)	kryssningfartyg (ett)	[ˈkrysniŋˌfaːˈtyg]
crucero (m)	kryssare (en)	[ˈkrʏsarə]

yate (m)	jakt (en)	[ˈjakt]
remolcador (m)	bogserbåt (en)	[ˈbʊksɛːrˌboːt]
barcaza (f)	pråm (en)	[ˈproːm]
ferry (m)	färja (en)	[ˈfæːrja]

| velero (m) | segelbåt (en) | [ˈsegəlʲˌboːt] |
| bergantín (m) | brigantin (en) | [briganˈtin] |

| rompehielos (m) | isbrytare (en) | [ˈisˌbrytarə] |
| submarino (m) | ubåt (en) | [ʉːˈboːt] |

bote (m) de remo	båt (en)	[ˈboːt]
bote (m)	jolle (en)	[ˈjɔlʲe]
bote (m) salvavidas	livbåt (en)	[ˈlivˌboːt]
lancha (f) motora	motorbåt (en)	[ˈmʊtʊrˌboːt]

capitán (m)	kapten (en)	[kapˈten]
marinero (m)	matros (en)	[maˈtrʊs]
marino (m)	sjöman (en)	[ˈʃøːˌman]
tripulación (f)	besättning (en)	[beˈsætniŋ]

contramaestre (m)	båtsman (en)	[ˈbotsman]
grumete (m)	jungman (en)	[ˈjʉŋˌman]
cocinero (m) de abordo	kock (en)	[ˈkɔk]
médico (m) del buque	skeppsläkare (en)	[ˈʃɛpˌlʲɛːkarə]

cubierta (f)	däck (ett)	[ˈdɛk]
mástil (m)	mast (en)	[ˈmast]
vela (f)	segel (ett)	[ˈsegəlʲ]

bodega (f)	lastrum (ett)	[ˈlʲastˌruːm]
proa (f)	bog (en)	[ˈbʊg]
popa (f)	akter (en)	[ˈaktər]

remo (m)	åra (en)	['oːra]
hélice (f)	propeller (en)	[prʊ'pɛlʲər]
camarote (m)	hytt (en)	['hʏt]
sala (f) de oficiales	officersmäss (en)	[ɔfi'sɛːrsˌmɛs]
sala (f) de máquinas	maskinrum (ett)	[ma'ɧiːnˌruːm]
puente (m) de mando	kommandobrygga (en)	[kɔm'andʊˌbrʏga]
sala (f) de radio	radiohytt (en)	['radiʊˌhʏt]
onda (f)	våg (en)	['voːg]
cuaderno (m) de bitácora	loggbok (en)	['lʲɔgˌbʊk]
anteojo (m)	tubkikare (en)	['tʉbˌɕikarə]
campana (f)	klocka (en)	['klʲɔka]
bandera (f)	flagga (en)	['flʲaga]
cabo (m) (maroma)	tross (en)	['trɔs]
nudo (m)	knop, knut (en)	['knʊp], ['knʉt]
pasamano (m)	räcken (pl)	['rɛkən]
pasarela (f)	landgång (en)	['lʲandˌgɔŋ]
ancla (f)	ankar (ett)	['aŋkar]
levar ancla	att lätta ankar	[at 'lʲæta 'aŋkar]
echar ancla	att kasta ankar	[at 'kasta 'aŋkar]
cadena (f) del ancla	ankarkätting (en)	['aŋkarˌɕætiŋ]
puerto (m)	hamn (en)	['hamn]
embarcadero (m)	kaj (en)	['kaj]
amarrar (vt)	att förtöja	[at fœː'ʈœːja]
desamarrar (vt)	att kasta loss	[at 'kasta 'lʲɔs]
viaje (m)	resa (en)	['resa]
crucero (m) (viaje)	kryssning (en)	['krʏsniŋ]
derrota (f) (rumbo)	kurs (en)	['kuːʂ]
itinerario (m)	rutt (en)	['rut]
canal (m) navegable	farled, segelled (en)	['faːlʲed], ['segəlˌled]
bajío (m)	grund (ett)	['grʉnd]
encallar (vi)	att gå på grund	[at 'goː pɔ 'grʉnd]
tempestad (f)	storm (en)	['stɔrm]
señal (f)	signal (en)	[sig'nalʲ]
hundirse (vr)	att sjunka	[at 'ɧuŋka]
¡Hombre al agua!	Man överbord!	['man 'øːvəˌbuːɖ]
SOS	SOS	[ɛso'ɛs]
aro (m) salvavidas	livboj (en)	['livˌbɔj]

LA CIUDAD

27. El transporte urbano
28. La ciudad. La vida en la ciudad
29. Las instituciones urbanas
30. Los avisos
31. Las compras

T&P Books Publishing

autobús (m)	buss (en)	['bus]
tranvía (m)	spårvagn (en)	['spoːrˌvagn]
trolebús (m)	trådbuss (en)	['troːdˌbus]
itinerario (m)	rutt (en)	['rut]
número (m)	nummer (ett)	['numər]

ir en ...	att åka med ...	[at 'oːka me ...]
tomar (~ el autobús)	att stiga på ...	[at 'stiga pɔ ...]
bajar (~ del tren)	att stiga av ...	[at 'stiga 'av ...]

parada (f)	hållplats (en)	['hoːlʲˌplats]
próxima parada (f)	nästa hållplats (en)	['nɛsta 'hɔːlʲˌplats]
parada (f) final	slutstation (en)	['slʉtˌsta'ɧʊn]
horario (m)	tidtabell (en)	['tid ta'bɛlʲ]
esperar (aguardar)	att vänta	[at 'vɛnta]

| billete (m) | biljett (en) | [bi'lʲet] |
| precio (m) del billete | biljettpris (ett) | [bi'lʲetˌpris] |

cajero (m)	kassör (en)	[ka'søːr]
control (m) de billetes	biljettkontroll (en)	[bi'lʲet kɔn'trolʲ]
revisor (m)	kontrollant (en)	[kɔntrɔ'lʲant]

llegar tarde (vi)	att komma för sent	[at 'kɔma før 'sɛnt]
perder (~ el tren)	att komma för sent till ...	[at 'kɔma før 'sɛnt tilʲ ...]
tener prisa	att skynda sig	[at 'ɧʏnda sɛj]

taxi (m)	taxi (en)	['taksi]
taxista (m)	taxichaufför (en)	['taksi ɧɔ'føːr]
en taxi	med taxi	[me 'taksi]
parada (f) de taxi	taxihållplats (en)	['taksi 'hoːlʲˌplʲats]
llamar un taxi	att ringa efter taxi	[at 'riŋa ˌɛftə 'taksi]
tomar un taxi	att ta en taxi	[at ta en 'taksi]

tráfico (m)	trafik (en)	[tra'fik]
atasco (m)	trafikstopp (ett)	[tra'fikˌstɔp]
horas (f pl) de punta	rusningstid (en)	['rusniŋsˌtid]
aparcar (vi)	att parkera	[at par'kera]
aparcar (vt)	att parkera	[at par'kera]
aparcamiento (m)	parkeringsplats (en)	[par'keriŋsˌplʲats]

metro (m)	tunnelbana (en)	['tunəlʲˌbana]
estación (f)	station (en)	[sta'ɧʊn]
ir en el metro	att ta tunnelbanan	[at ta 'tunəlʲˌbanan]

| tren (m) | tåg (ett) | ['to:g] |
| estación (f) | tågstation (en) | ['to:g,sta'ɧʊn] |

28. La ciudad. La vida en la ciudad

ciudad (f)	stad (en)	['stad]
capital (f)	huvudstad (en)	['hʉ:vʉd,stad]
aldea (f)	by (en)	['by]

plano (m) de la ciudad	stadskarta (en)	['stads,ka:ʈa]
centro (m) de la ciudad	centrum (ett)	['sɛntrum]
suburbio (m)	förort (en)	['før,ʊ:t]
suburbano (adj)	förorts-	['før,ʊ:ʈs-]

arrabal (m)	utkant (en)	['ʉt,kant]
afueras (f pl)	omgivningar (pl)	['ɔm,ji:vniŋar]
barrio (m)	kvarter (ett)	[kva:'ʈər]
zona (f) de viviendas	bostadskvarter (ett)	['bʊstads,kva:'ʈər]

tráfico (m)	trafik (en)	[tra'fik]
semáforo (m)	trafikljus (ett)	[tra'fik,jʉ:s]
transporte (m) urbano	offentlig transport (en)	[ɔ'fɛntli trans'pɔ:t]
cruce (m)	korsning (en)	['kɔ:ʂniŋ]

paso (m) de peatones	övergångsställe (ett)	['ø:vergɔŋs,stɛlʲe]
paso (m) subterráneo	gångtunnel (en)	['gɔŋ,tunəlʲ]
cruzar (vt)	att gå över	[at 'go: 'ø:vər]
peatón (m)	fotgängare (en)	['fʊt,jenarə]
acera (f)	trottoar (en)	[trɔtʉ'ar]

puente (m)	bro (en)	['brʊ]
muelle (m)	kaj (en)	['kaj]
fuente (f)	fontän (en)	[fɔn'tɛn]

alameda (f)	allé (en)	[a'lʲe:]
parque (m)	park (en)	['park]
bulevar (m)	boulevard (en)	[bʊlʲe'va:d]
plaza (f)	torg (ett)	['tɔrj]
avenida (f)	aveny (en)	[ave'ny]
calle (f)	gata (en)	['gata]
callejón (m)	sidogata (en)	['sidʊ,gata]
callejón (m) sin salida	återvändsgränd (en)	['o:tərvɛns,grɛnd]

casa (f)	hus (ett)	['hʉs]
edificio (m)	byggnad (en)	['bygnad]
rascacielos (m)	skyskrapa (en)	['ɧy,skrapa]

fachada (f)	fasad (en)	[fa'sad]
techo (m)	tak (ett)	['tak]
ventana (f)	fönster (ett)	['fœnstər]

arco (m)	båge (en)	['boːgə]
columna (f)	kolonn (en)	[kʊˈlʲɔn]
esquina (f)	knut (en)	[ˈknʉt]

escaparate (f)	skyltfönster (ett)	[ˈʃylʲtˌfœnstər]
letrero (m) (~ luminoso)	skylt (en)	[ˈʃylʲt]
cartel (m)	affisch (en)	[aˈfiːʃ]
cartel (m) publicitario	reklamplakat (ett)	[rɛˈklʲamˌplʲaˈkat]
valla (f) publicitaria	reklamskylt (en)	[rɛˈklʲamˌʃylʲt]

basura (f)	sopor, avfall (ett)	[ˈsʊpʊr], [ˈavfalʲ]
cajón (m) de basura	soptunna (en)	[ˈsʊpˌtuna]
tirar basura	att skräpa ner	[at ˈskrɛːpa ner]
basurero (m)	soptipp (en)	[ˈsʊpˌtip]

cabina (f) telefónica	telefonkiosk (en)	[telʲeˈfɔnˌçøsk]
farola (f)	lyktstolpe (en)	[ˈlʲykˌstɔlʲpə]
banco (m) (del parque)	bänk (ett)	[ˈbɛŋk]

policía (m)	polis (en)	[pʊˈlis]
policía (f) (~ nacional)	polis (en)	[pʊˈlis]
mendigo (m)	tiggare (en)	[ˈtigarə]
persona (f) sin hogar	hemlös (ett)	[ˈhɛmlʲøːs]

29. Las instituciones urbanas

tienda (f)	affär, butik (en)	[aˈfæːr], [buˈtik]
farmacia (f)	apotek (ett)	[apʊˈtek]
óptica (f)	optiker (en)	[ˈɔptikər]
centro (m) comercial	köpcenter (ett)	[ˈçøːpˌsɛntɛr]
supermercado (m)	snabbköp (ett)	[ˈsnabˌçøːp]

panadería (f)	bageri (ett)	[bageˈriː]
panadero (m)	bagare (en)	[ˈbagarə]
pastelería (f)	konditori (ett)	[kɔndɪtʊˈriː]
tienda (f) de comestibles	speceriaffär (en)	[speseˈri aˈfæːr]
carnicería (f)	slaktare butik (en)	[ˈslʲaktarə buˈtik]

| verdulería (f) | grönsakshandel (en) | [ˈgrøːnsaksˌhandəlʲ] |
| mercado (m) | marknad (en) | [ˈmarknad] |

cafetería (f)	kafé (ett)	[kaˈfeː]
restaurante (m)	restaurang (en)	[rɛstɔˈraŋ]
cervecería (f)	pub (en)	[ˈpub]
pizzería (f)	pizzeria (en)	[pitseˈria]

peluquería (f)	frisersalong (en)	[ˈfrisər ʂaˌlʲɔŋ]
oficina (f) de correos	post (en)	[ˈpɔst]
tintorería (f)	kemtvätt (en)	[ˈçemtvæt]
estudio (m) fotográfico	fotoateljé (en)	[ˈfʊtʊ atəˌlʲjeː]

zapatería (f)	skoaffär (en)	['skʊːaˌfæːr]
librería (f)	bokhandel (en)	['bʊkˌhandəlʲ]
tienda (f) deportiva	sportaffär (en)	['spɔːt aˈfæːr]

arreglos (m pl) de ropa	klädreparationer (en)	['klʲɛd 'reparaˌfjʊnər]
alquiler (m) de ropa	kläduthyrning (en)	['klʲɛd ʉ'tyːɳɪŋ]
videoclub (m)	filmuthyrning (en)	['filʲm ʉ'tyːɳɪŋ]

circo (m)	cirkus (en)	['sirkʉs]
zoológico (m)	zoo (ett)	['sʊː]
cine (m)	biograf (en)	[biʊ'graf]
museo (m)	museum (ett)	[mʉ'seum]
biblioteca (f)	bibliotek (ett)	[bibliʊ'tek]

teatro (m)	teater (en)	[te'atər]
ópera (f)	opera (en)	['ʊpera]
club (m) nocturno	nattklubb (en)	['natˌklʉb]
casino (m)	kasino (ett)	[ka'sinʊ]

mezquita (f)	moské (en)	[mʊs'keː]
sinagoga (f)	synagoga (en)	['synaˌgɔga]
catedral (f)	katedral (en)	[katɛ'dralʲ]
templo (m)	tempel (ett)	['tɛmpəlʲ]
iglesia (f)	kyrka (en)	['çyrka]

instituto (m)	institut (ett)	[insti'tʉt]
universidad (f)	universitet (ett)	[univɛsi'tet]
escuela (f)	skola (en)	['skʊlʲa]

prefectura (f)	prefektur (en)	[prefɛk'tʉːr]
alcaldía (f)	rådhus (en)	['rɔdˌhʉs]
hotel (m)	hotell (ett)	[hʊ'tɛlʲ]
banco (m)	bank (en)	['baŋk]

embajada (f)	ambassad (en)	[amba'sad]
agencia (f) de viajes	resebyrå (en)	['resebyˌrɔː]
oficina (f) de información	informationsbyrå (en)	[informa'fjʊns byˌrɔː]
oficina (f) de cambio	växelkontor (ett)	['vɛksəlʲ kɔn'tʊr]

| metro (m) | tunnelbana (en) | ['tunəlʲˌbana] |
| hospital (m) | sjukhus (ett) | ['fjʉːkˌhʉs] |

| gasolinera (f) | bensinstation (en) | [bɛn'sinˌsta'fjʊn] |
| aparcamiento (m) | parkeringsplats (en) | [par'keriŋsˌplʲats] |

30. Los avisos

letrero (m) (~ luminoso)	skylt (en)	['fjylʲt]
cartel (m) (texto escrito)	inskrift (en)	['inˌskrift]
pancarta (f)	poster, löpsedel (en)	['pɔstər], ['løpˌsedəlʲ]

| señal (m) de dirección | vägvisare (en) | ['vɛːgˌvisarə] |
| flecha (f) (signo) | pil (en) | ['pilʲ] |

advertencia (f)	varning (en)	['vaːɳiŋ]
aviso (m)	varningsskylt (en)	['vaːɳiŋs ˌɧylʲt]
advertir (vt)	att varna	[at 'vaːɳa]

día (m) de descanso	fridag (en)	['friˌdag]
horario (m)	tidtabell (en)	['tid taˈbɛlʲ]
horario (m) de apertura	öppettider (pl)	['øpetˌtiːdər]

¡BIENVENIDOS!	VÄLKOMMEN!	['vɛlʲˌkomən]
ENTRADA	INGÅNG	['inˌgɔŋ]
SALIDA	UTGÅNG	['ʉtˌgɔŋ]

EMPUJAR	TRYCK	['trʏk]
TIRAR	DRAG	['drag]
ABIERTO	ÖPPET	['øpet]
CERRADO	STÄNGT	['stɛŋt]

| MUJERES | DAMER | ['damər] |
| HOMBRES | HERRAR | ['hɛ'rar] |

REBAJAS	RABATT	[raˈbat]
SALDOS	REA	['rea]
NOVEDAD	NYHET!	['nyhet]
GRATIS	GRATIS	['gratis]

¡ATENCIÓN!	OBS!	['ɔbs]
COMPLETO	FUllBOKAT	['fulʲˌbʉkat]
RESERVADO	RESERVERAT	[resɛrˈverat]

| ADMINISTRACIÓN | ADMINISTRATION | [administraˈʃʉn] |
| SÓLO PERSONAL AUTORIZADO | ENDAST PERSONAL | ['ɛndast pɛʂʉˈnalʲ] |

CUIDADO CON EL PERRO	VARNING FÖR HUNDEN	['vaːɳiŋ før 'hundən]
PROHIBIDO FUMAR	RÖKNING FÖRBJUDEN	['rœkniŋ førˈbjʉːdən]
NO TOCAR	FÅR EJ VIDRÖRAS!	['foːr ej 'vidrøːras]

PELIGROSO	FARLIG	['faːlʲig]
PELIGRO	FARA	['fara]
ALTA TENSIÓN	HÖGSPÄNNING	['høːgˌspɛniŋ]

| PROHIBIDO BAÑARSE | BADNING FÖRBJUDEN | ['badniŋ førˈbjʉːdən] |
| NO FUNCIONA | UR FUNKTION | ['ʉr funkˈʃʉn] |

INFLAMABLE	BRANDFARLIG	['brandˌfaːlʲig]
PROHIBIDO	FÖRBJUD	[førˈbjʉːd]
PROHIBIDO EL PASO	TIllTRÄDE FÖRBJUDET	['tilʲtrɛːdə førˈbjʉːdət]
RECIÉN PINTADO	NYMÅLAT	['nyˌmoːlʲat]

31. Las compras

comprar (vt)	att köpa	[at 'çø:pa]
compra (f)	inköp (ett)	['in‚çø:p]
hacer compras	att shoppa	[at 'ʃɔpa]
compras (f pl)	shopping (en)	['ʃɔpiŋ]

estar abierto (tienda)	att vara öppen	[at 'vara 'øpən]
estar cerrado	att vara stängd	[at 'vara stɛŋd]

calzado (m)	skodon (pl)	['skʊdʊn]
ropa (f)	kläder (pl)	['klˈɛːdər]
cosméticos (m pl)	kosmetika (en)	[kɔs'mɛtika]
productos alimenticios	matvaror (pl)	['mat‚varʊr]
regalo (m)	gåva, present (en)	['goːva], [pre'sɛnt]

vendedor (m)	försäljare (en)	[fœ:'sɛljarə]
vendedora (f)	försäljare (en)	[fœ:'sɛljarə]

caja (f)	kassa (en)	['kasa]
espejo (m)	spegel (en)	['spegəlˈ]
mostrador (m)	disk (en)	['disk]
probador (m)	provrum (ett)	['prʊv‚ruːm]

probar (un vestido)	att prova	[at 'prʊva]
quedar (una ropa, etc.)	att passa	[at 'pasa]
gustar (vi)	att gilla	[at 'jilˈa]

precio (m)	pris (ett)	['pris]
etiqueta (f) de precio	prislapp (en)	['pris‚lˈap]
costar (vt)	att kosta	[at 'kɔsta]
¿Cuánto?	Hur mycket?	[hʉr 'mʏkə]
descuento (m)	rabatt (en)	[ra'bat]

no costoso (adj)	billig	['bilig]
barato (adj)	billig	['bilig]
caro (adj)	dyr	['dyr]
Es caro	Det är dyrt	[dɛ æːr 'dyːt]

alquiler (m)	uthyrning (en)	['ʉt‚hyŋiŋ]
alquilar (vt)	att hyra	[at 'hyra]
crédito (m)	kredit (en)	[kre'dit]
a crédito (adv)	på kredit	[pɔ kre'dit]

LA ROPA Y LOS ACCESORIOS

32. La ropa exterior. Los abrigos
33. Ropa de hombre y mujer
34. La ropa. La ropa interior
35. Gorras
36. El calzado
37. Accesorios personales
38. La ropa. Miscelánea
39. Productos personales. Cosméticos
40. Los relojes

T&P Books Publishing

ropa (f)	kläder (pl)	['klɛ:dər]
ropa (f) de calle	ytterkläder	['ytə͵klɛ:dər]
ropa (f) de invierno	vinterkläder (pl)	['vintə͵klɛ:dər]

abrigo (m)	rock, kappa (en)	['rɔk], ['kapa]
abrigo (m) de piel	päls (en)	['pɛlˢs]
abrigo (m) corto de piel	pälsjacka (en)	['pɛlˢs͵jaka]
chaqueta (f) plumón	dunjacka (en)	['dʉ:n͵jaka]

cazadora (f)	jacka (en)	['jaka]
impermeable (m)	regnrock (en)	['rɛgn͵rɔk]
impermeable (adj)	vattentät	['vatən͵tɛt]

camisa (f)	skjorta (en)	['ɧu:ʈa]
pantalones (m pl)	byxor (pl)	['byksʊr]
jeans, vaqueros (m pl)	jeans (en)	['jins]
chaqueta (f), saco (m)	kavaj (en)	[ka'vaj]
traje (m)	kostym (en)	[kɔs'tym]

vestido (m)	klänning (en)	['klˢɛniŋ]
falda (f)	kjol (en)	['ɕø:lˢ]
blusa (f)	blus (en)	['blʉ:s]
rebeca (f),	stickad tröja (en)	['stikad 'trøja]
chaqueta (f) de punto		

| chaqueta (f) | dräktjacka, kavaj (en) | ['drɛkt 'jaka], ['kavaj] |

camiseta (f) (T-shirt)	T-shirt (en)	['ti:͵ʃɔ:ʈ]
pantalones (m pl) cortos	shorts (en)	['ʃɔ:ʈs]
traje (m) deportivo	träningsoverall (en)	['trɛ:niŋs ɔve'rɔ:lˢ]
bata (f) de baño	morgonrock (en)	['mɔrgɔn͵rɔk]
pijama (m)	pyjamas (en)	[py'jamas]

| suéter (m) | sweater, tröja (en) | ['svitər], ['trøja] |
| pulóver (m) | pullover (en) | [pu'lˢɔ:vər] |

chaleco (m)	väst (en)	['vɛst]
frac (m)	frack (en)	['frak]
esmoquin (m)	smoking (en)	['smɔkiŋ]
uniforme (m)	uniform (en)	[uni'fɔrm]
ropa (f) de trabajo	arbetskläder (pl)	['arbets͵klˢɛ:dər]

mono (m)   **overall (en)**   ['ɔveˌrɔːlʲ]
bata (f) (p. ej. ~ blanca)   **rock (en)**   ['rɔk]

34. La ropa. La ropa interior

ropa (f) interior	underkläder (pl)	['undəˌklʲɛːdər]
bóxer (m)	underbyxor (pl)	['undəˌbyksʊr]
bragas (f pl)	trosor (pl)	['trʊsʊr]
camiseta (f) interior	undertröja (en)	['undəˌtrøja]
calcetines (m pl)	sockor (pl)	['sɔkʊr]
camisón (m)	nattlinne (ett)	['natˌlinə]
sostén (m)	behå (en)	[be'hoː]
calcetines (m pl) altos	knästrumpor (pl)	['knɛːˌstrumpʊr]
pantimedias (f pl)	strumpbyxor (pl)	['strumpˌbyksʊr]
medias (f pl)	strumpor (pl)	['strumpʊr]
traje (m) de baño	baddräkt (en)	['badˌdrɛkt]

35. Gorras

gorro (m)	hatt (en)	['hat]
sombrero (m) de fieltro	hatt (en)	['hat]
gorra (f) de béisbol	baseballkeps (en)	['bejsbɔlʲ keps]
gorra (f) plana	keps (en)	['keps]
boina (f)	basker (en)	['baskər]
capuchón (m)	luva, kapuschong (en)	['lʉːva], [kapʉ'ʃɔːŋ]
panamá (m)	panamahatt (en)	['panamaˌhat]
gorro (m) de punto	luva (en)	['lʉːva]
pañuelo (m)	sjalett (en)	[ʃa'lʲet]
sombrero (m) de mujer	hatt (en)	['hat]
casco (m) (~ protector)	hjälm (en)	['jɛlʲm]
gorro (m) de campaña	båtmössa (en)	['bɔtˌmœsa]
casco (m) (~ de moto)	hjälm (en)	['jɛlʲm]
bombín (m)	plommonstop (ett)	['plʲʊmɔnˌstʊp]
sombrero (m) de copa	hög hatt, cylinder (en)	['høːg ˌhat], [sy'lindər]

36. El calzado

calzado (m)	skodon (pl)	['skʊdʊn]
botas (f pl)	skor (pl)	['skʊr]
zapatos (m pl) (~ de tacón bajo)	damskor (pl)	['damˌskʊr]

botas (f pl) altas	stövlar (pl)	['støvlᶦar]
zapatillas (f pl)	tofflor (pl)	['tɔflᶦʊr]
tenis (m pl)	tennisskor (pl)	['tɛnisˌskʊr]
zapatillas (f pl) de lona	canvas skor (pl)	['kanvas ˌskʊr]
sandalias (f pl)	sandaler (pl)	[san'dalᶦer]
zapatero (m)	skomakare (en)	['skʊˌmakarə]
tacón (m)	klack (en)	['klᶦak]
par (m)	par (ett)	['par]
cordón (m)	skosnöre (ett)	['skʊˌsnø:rə]
encordonar (vt)	att snöra	[at 'snø:ra]
calzador (m)	skohorn (ett)	['skʊˌhʊ:ɳ]
betún (m)	skokräm (en)	['skʊˌkrɛm]

37. Accesorios personales

guantes (m pl)	handskar (pl)	['hanskar]
manoplas (f pl)	vantar (pl)	['vantar]
bufanda (f)	halsduk (en)	['halᶦsˌdᵾ:k]
gafas (f pl)	glasögon (pl)	['glᶦasˌø:gɔn]
montura (f)	båge (en)	['bo:gə]
paraguas (m)	paraply (ett)	[para'plᶦy]
bastón (m)	käpp (en)	['ɕɛp]
cepillo (m) de pelo	hårborste (en)	['ho:rˌbo:ʂtə]
abanico (m)	solfjäder (en)	['sʊlᶦˌfjɛ:dər]
corbata (f)	slips (en)	['slips]
pajarita (f)	fluga (en)	['flᵾ:ga]
tirantes (m pl)	hängslen (pl)	['hɛŋslᶦən]
moquero (m)	näsduk (en)	['nɛsˌdᵾk]
peine (m)	kam (en)	['kam]
pasador (m) de pelo	hårklämma (ett)	['ho:rˌklᶦɛma]
horquilla (f)	hårnål (en)	['ho:ˌɳo:lᶦ]
hebilla (f)	spänne (ett)	['spɛnə]
cinturón (m)	bälte (ett)	['bɛlᶦtə]
correa (f) (de bolso)	rem (en)	['rem]
bolsa (f)	väska (en)	['vɛska]
bolso (m)	damväska (en)	['damˌvɛska]
mochila (f)	ryggsäck (en)	['rʏgˌsɛk]

38. La ropa. Miscelánea

moda (f)	mode (ett)	['mᵾdə]
de moda (adj)	modern	[mʊ'dɛ:ɳ]

diseñador (m) de moda	modedesigner (en)	['mʊdə de'sajnər]
cuello (m)	krage (en)	['kragə]
bolsillo (m)	ficka (en)	['fika]
de bolsillo (adj)	fick-	['fik-]
manga (f)	ärm (en)	['æːrm]
presilla (f)	hängband (ett)	['hɛŋ band]
bragueta (f)	gylf (en)	['gylʲf]

cremallera (f)	blixtlås (ett)	['blikstˌlʲoːs]
cierre (m)	knäppning (en)	['knɛpniŋ]
botón (m)	knapp (en)	['knap]
ojal (m)	knapphål (ett)	['knapˌhoːlʲ]
saltar (un botón)	att lossna	[at 'lʲɔsna]

coser (vi, vt)	att sy	[at sy]
bordar (vt)	att brodera	[at brʊ'dera]
bordado (m)	broderi (ett)	[brʊde'riː]
aguja (f)	synål (en)	['syˌnoːlʲ]
hilo (m)	tråd (en)	['troːd]
costura (f)	söm (en)	['søːm]

ensuciarse (vr)	att smutsa ned sig	[at 'smutsa ned sɛj]
mancha (f)	fläck (en)	['flʲɛk]
arrugarse (vr)	att bli skrynklig	[at bli 'skrʏŋklig]
rasgar (vt)	att riva	[at 'riva]
polilla (f)	mal (en)	['malʲ]

39. Productos personales. Cosméticos

pasta (f) de dientes	tandkräm (en)	['tandˌkrɛm]
cepillo (m) de dientes	tandborste (en)	['tandˌbɔːʂtə]
limpiarse los dientes	att borsta tänderna	[at 'bɔːʂta 'tɛndɛːɳa]

maquinilla (f) de afeitar	hyvel (en)	['hyvəlʲ]
crema (f) de afeitar	rakkräm (en)	['rakˌkrɛm]
afeitarse (vr)	att raka sig	[at 'raka sɛj]

jabón (m)	tvål (en)	['tvoːlʲ]
champú (m)	schampo (ett)	['ʃamˌpʊ]

tijeras (f pl)	sax (en)	['saks]
lima (f) de uñas	nagelfil (en)	['nagəlʲˌfilʲ]
cortaúñas (m pl)	nageltång (en)	['nagəlʲˌtɔŋ]
pinzas (f pl)	pincett (en)	[pin'sɛt]

cosméticos (m pl)	kosmetika (en)	[kɔs'mɛtika]
mascarilla (f)	ansiktsmask (en)	[an'sikтsˌmask]
manicura (f)	manikyr (en)	[mani'kyr]
hacer la manicura	att få manikyr	[at foː mani'kyr]
pedicura (f)	pedikyr (en)	[pedi'kyr]

bolsa (f) de maquillaje	kosmetikväska (en)	[kɔsmɛ'tik‚vɛska]
polvos (m pl)	puder (ett)	['pʉːdər]
polvera (f)	puderdosa (en)	['pʉːdɛ‚doːsa]
colorete (m), rubor (m)	rouge (ett)	['ruːʃ]

perfume (m)	parfym (en)	[par'fym]
agua (f) de tocador	eau de toilette (en)	['ɔːdetua‚lʲet]
loción (f)	rakvatten (ett)	['rak‚vatən]
agua (f) de Colonia	eau de cologne (en)	['ɔːdekɔ‚lʲɔɲ]

sombra (f) de ojos	ögonskugga (en)	['øːgɔn‚skuga]
lápiz (m) de ojos	ögonpenna (en)	['øːgɔn‚pɛna]
rímel (m)	mascara (en)	[ma'skara]

pintalabios (m)	läppstift (ett)	['lʲɛp‚stift]
esmalte (m) de uñas	nagellack (ett)	['nagəl‚lʲak]
fijador (m) para el pelo	hårspray (en)	['hoːr‚sprɛj]
desodorante (m)	deodorant (en)	[deʊdʊ'rant]

crema (f)	kräm (en)	['krɛm]
crema (f) de belleza	ansiktskräm (en)	[an'sikts‚krɛm]
crema (f) de manos	handkräm (en)	['hand‚krɛm]
crema (f) antiarrugas	anti-rynkor kräm (en)	['anti‚rʏŋkʊr 'krɛm]
crema (f) de día	dagkräm (en)	['dag‚krɛm]
crema (f) de noche	nattkräm (en)	['nat‚krɛm]
de día (adj)	dag-	['dag-]
de noche (adj)	natt-	['nat-]

tampón (m)	tampong (en)	[tam'pɔŋ]
papel (m) higiénico	toalettpapper (ett)	[tʊa'lʲet‚papər]
secador (m) de pelo	hårtork (en)	['hoːr‚tʊrk]

40. Los relojes

reloj (m)	armbandsur (ett)	['armbands‚ʉːr]
esfera (f)	urtavla (en)	['ʉː‚tavlʲa]
aguja (f)	visare (en)	['visarə]
pulsera (f)	armband (ett)	['arm‚band]
correa (f) (del reloj)	armband (ett)	['arm‚band]

pila (f)	batteri (ett)	[batɛ'riː]
descargarse (vr)	att bli urladdad	[at bli 'ʉː‚lʲadad]
cambiar la pila	att byta batteri	[at 'byta batɛ'riː]
adelantarse (vr)	att gå för fort	[at 'goː før 'foːt]
retrasarse (vr)	att gå för långsamt	[at 'goː før 'lʲɔŋ‚samt]

reloj (m) de pared	väggklocka (en)	['vɛg‚klʲɔka]
reloj (m) de arena	sandklocka (en)	['sand‚klʲɔka]
reloj (m) de sol	solklocka (en)	['sʊlʲ‚klʲɔka]
despertador (m)	väckarklocka (en)	['vɛkar‚klʲɔka]

| relojero (m) | **urmakare (en)** | ['ʉr‚makarə] |
| reparar (vt) | **att reparera** | [at repa'rera] |

T&P BOOKS

LA EXPERIENCIA DIARIA

41. El dinero
42. La oficina de correos
43. La banca
44. El teléfono. Las conversaciones
telefónicas
45. El teléfono celular
46. Los artículos de escritorio.
La papelería
47. Los idiomas extranjeros

T&P Books Publishing

41. El dinero

dinero (m)	pengar (pl)	['pɛŋar]
cambio (m)	växling (en)	['vɛksliŋ]
curso (m)	kurs (en)	['kuːʂ]
cajero (m) automático	bankomat (en)	[baŋkʊ'mat]
moneda (f)	mynt (ett)	['mʏnt]
dólar (m)	dollar (en)	['dɔlʲar]
euro (m)	euro (en)	['ɛvrɔ]
lira (f)	lire (en)	['lirə]
marco (m) alemán	mark (en)	['mark]
franco (m)	franc (en)	['fran]
libra esterlina (f)	pund sterling (ett)	['puŋ stɛr'liŋ]
yen (m)	yen (en)	['jɛn]
deuda (f)	skuld (en)	['skʉlʲd]
deudor (m)	gäldenär (en)	[jɛlʲdɛ'næːr]
prestar (vt)	att låna ut	[at 'lʲoːna ʉt]
tomar prestado	att låna	[at 'lʲoːna]
banco (m)	bank (en)	['baŋk]
cuenta (f)	konto (ett)	['kɔntʊ]
ingresar (~ en la cuenta)	att sätta in	[at 'sæta in]
ingresar en la cuenta	att sätta in på kontot	[at 'sæta in pɔ 'kɔntʊt]
sacar de la cuenta	att ta ut från kontot	[at ta ʉt frɔn 'kɔntʊt]
tarjeta (f) de crédito	kreditkort (ett)	[kre'dit̩kɔːt]
dinero (m) en efectivo	kontanter (pl)	[kɔn'tantər]
cheque (m)	check (en)	['ɕɛk]
sacar un cheque	att skriva en check	[at 'skriva en 'ɕɛk]
talonario (m)	checkbok (en)	['ɕɛk̩bʊk]
cartera (f)	plånbok (en)	['plʲoːn̩bʊk]
monedero (m)	börs (en)	['bøːʂ]
caja (f) fuerte	säkerhetsskåp (ett)	['sɛːkərhets̩skoːp]
heredero (m)	arvinge (en)	['arviŋə]
herencia (f)	arv (ett)	['arv]
fortuna (f)	förmögenhet (en)	[før'møgən̩het]
arriendo (m)	hyra (en)	['hyra]
alquiler (m) (dinero)	hyra (en)	['hyra]
alquilar (~ una casa)	att hyra	[at 'hyra]
precio (m)	pris (ett)	['pris]

coste (m)	**kostnad (en)**	['kɔstnad]
suma (f)	**summa (en)**	['suma]
gastar (vt)	**att lägga ut**	[at 'lɛga ʉt]
gastos (m pl)	**utgifter** (pl)	['ʉtˌjiftər]
economizar (vi, vt)	**att spara**	[at 'spara]
económico (adj)	**sparsam**	['spaːʂam]
pagar (vi, vt)	**att betala**	[at be'talʲa]
pago (m)	**betalning (en)**	[be'talʲniŋ]
cambio (m) (devolver el ~)	**växel (en)**	['vɛksəlʲ]
impuesto (m)	**skatt (en)**	['skat]
multa (f)	**bot (en)**	['bʉt]
multar (vt)	**att bötfälla**	[at 'bøtˌfɛlʲa]

42. La oficina de correos

oficina (f) de correos	**post (en)**	['pɔst]
correo (m) (cartas, etc.)	**post (en)**	['pɔst]
cartero (m)	**brevbärare (en)**	['brevˌbæːrarə]
horario (m) de apertura	**öppettider** (pl)	['øpetˌtiːdər]
carta (f)	**brev (ett)**	['brev]
carta (f) certificada	**rekommenderat brev (ett)**	[rekomən'derat brev]
tarjeta (f) postal	**postkort (ett)**	['pɔstˌkɔːt]
telegrama (m)	**telegram (ett)**	[telʲe'gram]
paquete (m) postal	**postpaket (ett)**	['pɔst paˌket]
giro (m) postal	**pengaöverföring (en)**	['pɛŋaˌøvə'føːriŋ]
recibir (vt)	**att ta emot**	[at ta ɛmoːt]
enviar (vt)	**att skicka**	[at 'ɧika]
envío (m)	**avsändning (en)**	['avˌsɛndniŋ]
dirección (f)	**adress (en)**	[a'drɛs]
código (m) postal	**postnummer (ett)**	['pɔstˌnumər]
expedidor (m)	**avsändare (en)**	['avˌsɛndarə]
destinatario (m)	**mottagare (en)**	['mɔtˌtagarə]
nombre (m)	**förnamn (ett)**	['fœːˌɳamn]
apellido (m)	**efternamn (ett)**	['ɛftəˌɳamn]
tarifa (f)	**tariff (en)**	[ta'rif]
ordinario (adj)	**vanlig**	['vanlig]
económico (adj)	**ekonomisk**	[ɛkʉ'nɔmisk]
peso (m)	**vikt (en)**	['vikt]
pesar (~ una carta)	**att väga**	[at 'vɛːga]
sobre (m)	**kuvert (ett)**	[kʉː'væer]

sello (m)	frimärke (ett)	['fri͵mærkə]
poner un sello	att sätta på frimärke	[at 'sæta pɔ 'fri͵mærkə]

43. La banca

banco (m)	bank (en)	['baŋk]
sucursal (f)	avdelning (en)	[av'dɛlʲniŋ]
consultor (m)	konsulent (en)	[kɔnsu'lʲɛnt]
gerente (m)	föreståndare (en)	[førə'stɔndarə]
cuenta (f)	bankkonto (ett)	['baŋk͵kɔntʊ]
numero (m) de la cuenta	kontonummer (ett)	['kɔntʊ͵numər]
cuenta (f) corriente	checkkonto (ett)	['ɕɛk͵kɔntʊ]
cuenta (f) de ahorros	sparkonto (ett)	['spar͵kɔntʊ]
abrir una cuenta	att öppna ett konto	[at 'øpna ɛt 'kɔntʊ]
cerrar la cuenta	att avsluta kontot	[at 'av͵slʉːta 'kɔntʊt]
ingresar en la cuenta	att sätta in på kontot	[at 'sæta in pɔ 'kɔntʊt]
sacar de la cuenta	att ta ut från kontot	[at ta ʉt frɔn 'kɔntʊt]
depósito (m)	insats (en)	['in͵sats]
hacer un depósito	att sätta in	[at 'sæta in]
giro (m) bancario	överföring (en)	['øːvə͵føːriŋ]
hacer un giro	att överföra	[at øːvə͵føra]
suma (f)	summa (en)	['suma]
¿Cuánto?	Hur mycket?	[hʉr 'mʏkə]
firma (f) (nombre)	signatur, underskrift (en)	[signa'tʉːr], ['undə͵skrift]
firmar (vt)	att underteckna	[at 'undə͵tɛkna]
tarjeta (f) de crédito	kreditkort (ett)	[kre'dit͵kɔːt]
código (m)	kod (en)	['kɔd]
número (m) de tarjeta de crédito	kreditkortsnummer (ett)	[kre'dit͵kɔːts 'numər]
cajero (m) automático	bankomat (en)	[baŋkʊ'mat]
cheque (m)	check (en)	['ɕɛk]
sacar un cheque	att skriva en check	[at 'skriva en 'ɕɛk]
talonario (m)	checkbok (en)	['ɕɛk͵bʊk]
crédito (m)	lån (ett)	['lʲoːn]
pedir el crédito	att ansöka om lån	[at 'an͵søːka ɔm 'lʲoːn]
obtener un crédito	att få ett lån	[at foː et 'lʲoːn]
conceder un crédito	att ge ett lån	[at je et 'lʲoːn]
garantía (f)	garanti (en)	[garan'tiː]

44. El teléfono. Las conversaciones telefónicas

teléfono (m)	telefon (en)	[telʲeˈfɔn]
teléfono (m) móvil	mobiltelefon (en)	[mɔˈbilʲ telʲeˈfɔn]
contestador (m)	telefonsvarare (en)	[telʲeˈfɔnˌsvararə]
llamar, telefonear	att ringa	[at ˈriŋa]
llamada (f)	telefonsamtal (en)	[telʲeˈfɔnˌsamtalʲ]
marcar un número	att slå nummer	[at ˈslʲoː ˈnumər]
¿Sí?, ¿Dígame?	Hallå!	[haˈlʲoː]
preguntar (vt)	att fråga	[at ˈfroːga]
responder (vi, vt)	att svara	[at ˈsvara]
oír (vt)	att höra	[at ˈhøːra]
bien (adv)	gott, bra	[ˈgɔt], [ˈbra]
mal (adv)	dåligt	[ˈdoːlit]
ruidos (m pl)	bruser, störningar (pl)	[ˈbrʉːsər], [ˈstøːˌɳiŋar]
auricular (m)	telefonlur (en)	[telʲeˈfɔnˌlʉːr]
descolgar (el teléfono)	att lyfta telefonluren	[at ˈlʲyfta telʲeˈfɔn ˈlʉːrən]
colgar el auricular	att lägga på	[at ˈlʲɛga pɔ]
ocupado (adj)	upptagen	[ˈupˌtagən]
sonar (teléfono)	att ringa	[at ˈriŋa]
guía (f) de teléfonos	telefonkatalog (en)	[telʲeˈfɔn kataˈlʲɔg]
local (adj)	lokal-	[lʲoˈkalʲ-]
llamada (f) local	lokalsamtal (ett)	[lʲoˈkalʲˌsamtalʲ]
de larga distancia	riks-	[ˈriks-]
llamada (f) de larga distancia	rikssamtal (ett)	[ˈriksˌsamtalʲ]
internacional (adj)	internationell	[ˈintɛːɳatʃʊˌnɛlʲ]
llamada (f) internacional	internationell samtal (ett)	[ˈintɛːɳatʃʊˌnɛlʲ ˈsamtalʲ]

45. El teléfono celular

teléfono (m) móvil	mobiltelefon (en)	[mɔˈbilʲ telʲeˈfɔn]
pantalla (f)	skärm (en)	[ˈʃæːrm]
botón (m)	knapp (en)	[ˈknap]
tarjeta SIM (f)	SIM-kort (ett)	[ˈsimˌkɔːt]
pila (f)	batteri (ett)	[batɛˈriː]
descargarse (vr)	att bli urladdad	[at bli ˈʉːˌlʲadad]
cargador (m)	laddare (en)	[ˈlʲadarə]
menú (m)	meny (en)	[meˈny]
preferencias (f pl)	inställningar (pl)	[ˈinˌstɛlʲniŋar]
melodía (f)	melodi (en)	[melʲoˈdiː]

133

seleccionar (vt)	att välja	[at 'vɛlja]
calculadora (f)	kalkylator (en)	[kalˡkyˡlatʊr]
contestador (m)	telefonsvarare (en)	[telˡeˈfɔnˌsvararə]
despertador (m)	väckarklocka, alarm (en)	['vɛkarˌklˡɔka], [aˈlˡarm]
contactos (m pl)	kontakter (pl)	[kɔnˈtaktər]

| mensaje (m) de texto | SMS meddelande (ett) | [ɛsɛˈmɛs meˈdelˡandə] |
| abonado (m) | abonnent (en) | [abɔˈnɛnt] |

46. Los artículos de escritorio. La papelería

| bolígrafo (m) | kulspetspenna (en) | ['kʉlˡspetsˌpɛna] |
| pluma (f) estilográfica | reservoarpenna (en) | [resɛrvʊˈarˌpɛna] |

lápiz (m)	blyertspenna (en)	['blˡyɛːʈsˌpɛna]
marcador (m)	märkpenna (en)	['mœrkˌpɛna]
rotulador (m)	tuschpenna (en)	['tuːʃˌpɛna]

| bloc (m) de notas | block (ett) | ['blˡɔk] |
| agenda (f) | dagbok (en) | ['dagˌbʉk] |

regla (f)	linjal (en)	[liˈnjalˡ]
calculadora (f)	kalkylator (en)	[kalˡkyˈlatʊr]
goma (f) de borrar	suddgummi (ett)	['sudˌgumi]
chincheta (f)	häftstift (ett)	['hɛftˌstift]
clip (m)	gem (ett)	['gem]

cola (f), pegamento (m)	lim (ett)	['lim]
grapadora (f)	häftapparat (en)	['hɛft apaˌrat]
perforador (m)	hålslag (ett)	['hoːlˡˌslˡag]
sacapuntas (m)	pennvässare (en)	['pɛnˌvɛsarə]

47. Los idiomas extranjeros

lengua (f)	språk (ett)	['sproːk]
extranjero (adj)	främmande	['frɛmandə]
lengua (f) extranjera	främmande språk (ett)	['frɛmandə sproːk]
estudiar (vt)	att studera	[at stuˈdera]
aprender (ingles, etc.)	att lära sig	[at 'lˡæːra sɛj]

leer (vi, vt)	att läsa	[at 'lˡɛːsa]
hablar (vi, vt)	att tala	[at 'talˡa]
comprender (vt)	att förstå	[at fœːˈʂtoː]
escribir (vt)	att skriva	[at 'skriva]

rápidamente (adv)	snabbt	['snabt]
lentamente (adv)	långsamt	['lˡɔŋˌsamt]
con fluidez (adv)	flytande	['flˡytandə]

reglas (f pl)	**regler** (pl)	['rɛglʲər]
gramática (f)	**grammatik (en)**	[grama'tik]
vocabulario (m)	**ordförråd (ett)**	['ʊːdfɔɛːˌroːd]
fonética (f)	**fonetik (en)**	[fɔne'tik]
manual (m)	**lärobok (en)**	['lʲæːrʊˌbʊk]
diccionario (m)	**ordbok (en)**	['ʊːdˌbʊk]
manual (m) autodidáctico	**självinstruerande lärobok (en)**	['ɧɛlʲv instrʉ'ɛrandə 'lʲæːrʊˌbʊk]
guía (f) de conversación	**parlör (en)**	[paː'lʲøːr]
casete (m)	**kassett (en)**	[ka'sɛt]
videocasete (f)	**videokassett (en)**	['videʊ ka'sɛt]
disco compacto, CD (m)	**cd-skiva (en)**	['sede ˌɧiva]
DVD (m)	**dvd (en)**	[deve'deː]
alfabeto (m)	**alfabet (ett)**	['alʲfabet]
deletrear (vt)	**att stava**	[at 'stava]
pronunciación (f)	**uttal (ett)**	['ʉtˌtalʲ]
acento (m)	**brytning (en)**	['brʏtniŋ]
con acento	**med brytning**	[me 'brʏtniŋ]
sin acento	**utan brytning**	['ʉtan 'brʏtniŋ]
palabra (f)	**ord (ett)**	['ʊːd]
significado (m)	**betydelse (en)**	[be'tydəlʲsə]
cursos (m pl)	**kurs (en)**	['kuːʂ]
inscribirse (vr)	**att anmäla sig**	[at 'anˌmɛːlʲa sɛj]
profesor (m) (~ de inglés)	**lärare (en)**	['lʲæːrarə]
traducción (f) (proceso)	**översättning (en)**	['øːvəˌsætniŋ]
traducción (f) (texto)	**översättning (en)**	['øːvəˌsætniŋ]
traductor (m)	**översättare (en)**	['øːvəˌsætarə]
intérprete (m)	**tolk (en)**	['tolʲk]
políglota (m)	**polyglott (en)**	[pʊlʏ'glʲɔt]
memoria (f)	**minne (ett)**	['minə]

T&P BOOKS

LAS COMIDAS. EL RESTAURANTE

48. Los cubiertos
49. El restaurante
50. Las comidas
51. Los platos
52. La comida
53. Las bebidas
54. Las verduras
55. Las frutas. Las nueces
56. El pan. Los dulces
57. Las especias

T&P Books Publishing

48. Los cubiertos

cuchara (f)	sked (en)	['ɧed]
cuchillo (m)	kniv (en)	['kniv]
tenedor (m)	gaffel (en)	['gafəlʲ]
taza (f)	kopp (en)	['kop]
plato (m)	tallrik (en)	['talʲrik]
platillo (m)	tefat (ett)	['te͵fat]
servilleta (f)	servett (en)	[sɛr'vɛt]
mondadientes (m)	tandpetare (en)	['tand͵petarə]

49. El restaurante

restaurante (m)	restaurang (en)	[rɛstɔ'raŋ]
cafetería (f)	kafé (ett)	[ka'fe:]
bar (m)	bar (en)	['bar]
salón (m) de té	tehus (ett)	['te:͵hʉs]
camarero (m)	servitör (en)	[sɛrvi'tø:r]
camarera (f)	servitris (en)	[sɛrvi'tris]
barman (m)	bartender (en)	['ba:͵tɛndər]
carta (f), menú (m)	meny (en)	[me'ny]
carta (f) de vinos	vinlista (en)	['vin͵lista]
reservar una mesa	att reservera bord	[at resɛr'vera bʉ:d]
plato (m)	rätt (en)	['ræt]
pedir (vt)	att beställa	[at be'stɛlʲa]
hacer un pedido	att beställa	[at be'stɛlʲa]
aperitivo (m)	aperitif (en)	[aperi'tif]
entremés (m)	förrätt (en)	['fœ:ræt]
postre (m)	dessert (en)	[dɛ'sɛ:r]
cuenta (f)	nota (en)	['nʊta]
pagar la cuenta	att betala notan	[at be'talʲa 'nʊtan]
dar la vuelta	att ge tillbaka växel	[at je: tilʲ'baka 'vɛksəlʲ]
propina (f)	dricks (en)	['driks]

50. Las comidas

comida (f)	mat (en)	['mat]
comer (vi, vt)	att äta	[at 'ɛ:ta]

desayuno (m)	frukost (en)	['fruːkɔst]
desayunar (vi)	att äta frukost	[at 'ɛːta 'fruːkɔst]
almuerzo (m)	lunch (en)	['lʉnɕ]
almorzar (vi)	att äta lunch	[at 'ɛːta ˌlʉnɕ]
cena (f)	kvällsmat (en)	['kvɛlʲsˌmat]
cenar (vi)	att äta kvällsmat	[at 'ɛːta 'kvɛlʲsˌmat]

| apetito (m) | aptit (en) | ['aptit] |
| ¡Que aproveche! | Smaklig måltid! | ['smaklig 'moːlʲtid] |

abrir (vt)	att öppna	[at 'øpna]
derramar (líquido)	att spilla	[at 'spilʲa]
derramarse (líquido)	att spillas ut	[at 'spilʲas ʉt]

hervir (vi)	att koka	[at 'kʊka]
hervir (vt)	att koka	[at 'kʊka]
hervido (agua ~a)	kokt	['kʊkt]
enfriar (vt)	att avkyla	[at 'avˌɕylʲa]
enfriarse (vr)	att avkylas	[at 'avˌɕylʲas]

| sabor (m) | smak (en) | ['smak] |
| regusto (m) | bismak (en) | ['bismak] |

adelgazar (vi)	att vara på diet	[at 'vara pɔ di'et]
dieta (f)	diet (en)	[di'et]
vitamina (f)	vitamin (ett)	[vita'min]
caloría (f)	kalori (en)	[kalʲɔ'riː]
vegetariano (m)	vegetarian (en)	[vegetiri'an]
vegetariano (adj)	vegetarisk	[vege'tarisk]

grasas (f pl)	fett (ett)	['fɛt]
proteínas (f pl)	proteiner (pl)	[prɔte'iːnər]
carbohidratos (m pl)	kolhydrater (pl)	['kolʲhyˌdratər]
loncha (f)	skiva (en)	['ɧiva]
pedazo (m)	bit (en)	['bit]
miga (f)	smula (en)	['smʉlʲa]

51. Los platos

plato (m)	rätt (en)	['ræt]
cocina (f)	kök (ett)	['ɕøːk]
receta (f)	recept (ett)	[re'sɛpt]
porción (f)	portion (en)	[pɔːˈɳʉn]

| ensalada (f) | sallad (en) | ['salʲad] |
| sopa (f) | soppa (en) | ['sɔpa] |

caldo (m)	buljong (en)	[bu'ljɔŋ]
bocadillo (m)	smörgås (en)	['smœrˌɡɔːs]
huevos (m pl) fritos	stekt ägg (en)	['stɛkt ˌɛɡ]

| hamburguesa (f) | hamburgare (en) | ['hamburgarə] |
| bistec (m) | biffstek (en) | ['bif‚stɛk] |

guarnición (f)	tillbehör (ett)	['tilʲbe‚hør]
espagueti (m)	spagetti	[spa'gɛti]
puré (m) de patatas	potatismos (ett)	[pʊ'tatis‚mʊs]
pizza (f)	pizza (en)	['pitsa]
gachas (f pl)	gröt (en)	['grø:t]
tortilla (f) francesa	omelett (en)	[ɔmə'lʲet]

cocido en agua (adj)	kokt	['kʊkt]
ahumado (adj)	rökt	['rœkt]
frito (adj)	stekt	['stɛkt]
seco (adj)	torkad	['tɔrkad]
congelado (adj)	fryst	['frʏst]
marinado (adj)	sylt-	['sylʲt-]

azucarado, dulce (adj)	söt	['sø:t]
salado (adj)	salt	['salʲt]
frío (adj)	kall	['kalʲ]
caliente (adj)	het, varm	['het], ['varm]
amargo (adj)	bitter	['bitər]
sabroso (adj)	läcker	['lʲɛkər]

cocer en agua	att koka	[at 'kʊka]
preparar (la cena)	att laga	[at 'lʲaga]
freír (vt)	att steka	[at 'steka]
calentar (vt)	att värma upp	[at 'væ:rma up]

salar (vt)	att salta	[at 'salʲta]
poner pimienta	att peppra	[at 'pepra]
rallar (vt)	att riva	[at 'riva]
piel (f)	skal (ett)	['skalʲ]
pelar (vt)	att skala	[at 'skalʲa]

52. La comida

carne (f)	kött (ett)	['ɕœt]
gallina (f)	höna (en)	['hø:na]
pollo (m)	kyckling (en)	['ɕykliŋ]
pato (m)	anka (en)	['aŋka]
ganso (m)	gås (en)	['go:s]
caza (f) menor	vilt (ett)	['vilʲt]
pava (f)	kalkon (en)	[kalʲ'kʊn]

carne (f) de cerdo	fläsk (ett)	['flʲɛsk]
carne (f) de ternera	kalvkött (en)	['kalʲv‚ɕœt]
carne (f) de carnero	lammkött (ett)	['lʲam‚ɕœt]
carne (f) de vaca	oxkött, nötkött (ett)	['ʊks‚ɕœt], ['nø:t‚ɕœt]
conejo (m)	kanin (en)	[ka'nin]

salchichón (m)	korv (en)	['kɔrv]
salchicha (f)	wienerkorv (en)	['viŋɛrˌkɔrv]
beicon (m)	bacon (ett)	['bɛjkon]
jamón (m)	skinka (en)	['ɧiŋka]
jamón (m) fresco	skinka (en)	['ɧiŋka]

paté (m)	paté (en)	[pa'te]
hígado (m)	lever (en)	['lʲevər]
carne (f) picada	köttfärs (en)	['ɕœtˌfæːʂ]
lengua (f)	tunga (en)	['tuŋa]

huevo (m)	ägg (ett)	['ɛg]
huevos (m pl)	ägg (pl)	['ɛg]
clara (f)	äggvita (en)	['ɛgˌviːta]
yema (f)	äggula (en)	['ɛgˌʉːlʲa]

pescado (m)	fisk (en)	['fisk]
mariscos (m pl)	fisk och skaldjur	['fisk ɔ 'skalʲjʉːr]
crustáceos (m pl)	kräftdjur (pl)	['krɛftjuːr]
caviar (m)	kaviar (en)	['kavˌjar]

cangrejo (m) de mar	krabba (en)	['kraba]
camarón (m)	räka (en)	['rɛːka]
ostra (f)	ostron (ett)	['ustrun]
langosta (f)	languster (en)	[lʲaŋ'gustər]
pulpo (m)	bläckfisk (en)	['blʲɛkˌfisk]
calamar (m)	bläckfisk (en)	['blʲɛkˌfisk]

esturión (m)	stör (en)	['støːr]
salmón (m)	lax (en)	['lʲaks]
fletán (m)	hälleflundra (en)	['hɛlʲeˌflʉndra]

bacalao (m)	torsk (en)	['tɔːʂk]
caballa (f)	makrill (en)	['makrilʲ]
atún (m)	tonfisk (en)	['tunˌfisk]
anguila (f)	ål (en)	['oːlʲ]

trucha (f)	öring (en)	['øːriŋ]
sardina (f)	sardin (en)	[sa:'dʲiːn]
lucio (m)	gädda (en)	['jɛda]
arenque (m)	sill (en)	['silʲ]

pan (m)	bröd (ett)	['brøːd]
queso (m)	ost (en)	['ust]
azúcar (m)	socker (ett)	['sɔkər]
sal (f)	salt (ett)	['salʲt]

arroz (m)	ris (ett)	['ris]
macarrones (m pl)	pasta (en), makaroner (pl)	['pasta], [maka'runər]
tallarines (m pl)	nudlar (pl)	['nʉːdlʲar]
mantequilla (f)	smör (ett)	['smœːr]

aceite (m) vegetal	vegetabilisk olja (en)	[vegeta'bilisk 'ɔlja]
aceite (m) de girasol	solrosolja (en)	['sʊlʲrʊsˌɔlja]
margarina (f)	margarin (ett)	[marga'rin]

olivas, aceitunas (f pl)	oliver (pl)	[ʊ:'livər]
aceite (m) de oliva	olivolja (en)	[ʊ'livˌɔlja]

leche (f)	mjölk (en)	['mjœlʲk]
leche (f) condensada	kondenserad mjölk (en)	[kɔndɛn'serad ˌmjœlʲk]
yogur (m)	yoghurt (en)	['joːgʉːt]
nata (f) agria	gräddfil, syrad grädden (en)	['grɛdfilʲ], [syrad 'gredən]
nata (f) líquida	grädde (en)	['grɛdə]

mayonesa (f)	majonnäs (en)	[majɔ'nɛs]
crema (f) de mantequilla	kräm (en)	['krɛm]

cereales (m pl) integrales	gryn (en)	['gryn]
harina (f)	mjöl (ett)	['mjø:lʲ]
conservas (f pl)	konserv (en)	[kɔn'sɛrv]

copos (m pl) de maíz	cornflakes (pl)	['ko:rˌflɛjks]
miel (f)	honung (en)	['hɔnuŋ]
confitura (f)	sylt, marmelad (en)	['sylʲt], [marme'lʲad]
chicle (m)	tuggummi (ett)	['tugˌgumi]

53. Las bebidas

agua (f)	vatten (ett)	['vatən]
agua (f) potable	dricksvatten (ett)	['driksˌvatən]
agua (f) mineral	mineralvatten (ett)	[mine'ralʲˌvatən]

sin gas	icke kolsyrat	['ikə 'kɔlʲˌsyrat]
gaseoso (adj)	kolsyrat	['kɔlʲˌsyrat]
con gas	kolsyrat	['kɔlʲˌsyrat]
hielo (m)	is (en)	['is]
con hielo	med is	[me 'is]

sin alcohol	alkoholfri	[alʲkʊ'hɔlʲˌfri:]
bebida (f) sin alcohol	alkoholfri dryck (en)	[alʲkʊ'hɔlʲfri 'drʏk]
refresco (m)	läskedryck (en)	['lɛskəˌdrik]
limonada (f)	lemonad (en)	[lʲemɔ'nad]

bebidas (f pl) alcohólicas	alkoholhaltiga drycker (pl)	[alʲkʊ'hɔlʲˌhalʲtiga 'drʏkər]
vino (m)	vin (ett)	['vin]
vino (m) blanco	vitvin (ett)	['vitˌvin]
vino (m) tinto	rödvin (ett)	['rø:dˌvin]
licor (m)	likör (en)	[li'kø:r]
champaña (f)	champagne (en)	[ŋam'panʲ]

vermú (m)	vermouth (en)	['vɛrmut]
whisky (m)	whisky (en)	['viski]
vodka (m)	vodka (en)	['vodka]
ginebra (f)	gin (ett)	['dʒin]
coñac (m)	konjak (en)	['kɔnʲak]
ron (m)	rom (en)	['rɔm]
café (m)	kaffe (ett)	['kafə]
café (m) solo	svart kaffe (ett)	['sva:ʈ 'kafə]
café (m) con leche	kaffe med mjölk (ett)	['kafə me mjœlʲk]
capuchino (m)	cappuccino (en)	['kaputʃinʊ]
café (m) soluble	snabbkaffe (ett)	['snabˌkafə]
leche (f)	mjölk (en)	['mjœlʲk]
cóctel (m)	cocktail (en)	['kɔktɛjlʲ]
batido (m)	milkshake (en)	['milʲkʃɛjk]
zumo (m), jugo (m)	juice (en)	['ju:s]
jugo (m) de tomate	tomatjuice (en)	[tʊ'matju:s]
zumo (m) de naranja	apelsinjuice (en)	[apɛlʲ'sinˌju:s]
zumo (m) fresco	nypressad juice (en)	['nʏˌprɛsad 'ju:s]
cerveza (f)	öl (ett)	['ø:lʲ]
cerveza (f) rubia	ljust öl (ett)	['jʉ:stˌø:lʲ]
cerveza (f) negra	mörkt öl (ett)	['mœ:rkt ˌø:lʲ]
té (m)	te (ett)	['te:]
té (m) negro	svart te (ett)	['sva:ʈ ˌte:]
té (m) verde	grönt te (ett)	['grœnt te:]

54. Las verduras

legumbres (f pl)	grönsaker (pl)	['grø:nˌsakər]
verduras (f pl)	grönsaker (pl)	['grø:nˌsakər]
tomate (m)	tomat (en)	[tʊ'mat]
pepino (m)	gurka (en)	['gurka]
zanahoria (f)	morot (en)	['mʊˌrʊt]
patata (f)	potatis (en)	[pʊ'tatis]
cebolla (f)	lök (en)	['lʲø:k]
ajo (m)	vitlök (en)	['vitˌlʲø:k]
col (f)	kål (en)	['ko:lʲ]
coliflor (f)	blomkål (en)	['blʲʊmˌko:lʲ]
col (f) de Bruselas	brysselkål (en)	['brʏsɛlʲˌko:lʲ]
brócoli (m)	broccoli (en)	['brɔkɔli]
remolacha (f)	rödbeta (en)	['rø:dˌbeta]
berenjena (f)	aubergine (en)	[ɔbɛr'ʒin]
calabacín (m)	squash, zucchini (en)	['skvɔ:ɕ], [su'kini]

| calabaza (f) | pumpa (en) | ['pumpa] |
| nabo (m) | rova (en) | ['rʊva] |

perejil (m)	persilja (en)	[pɛ'ʂilja]
eneldo (m)	dill (en)	['dilʲ]
lechuga (f)	sallad (en)	['salʲad]
apio (m)	selleri (en)	['sɛlʲeri]
espárrago (m)	sparris (en)	['sparis]
espinaca (f)	spenat (en)	[spe'nat]

guisante (m)	ärter (pl)	['æːtər]
habas (f pl)	bönor (pl)	['bønʊr]
maíz (m)	majs (en)	['majs]
fréjol (m)	böna (en)	['bøna]

pimiento (m) dulce	peppar (en)	['pɛpar]
rábano (m)	rädisa (en)	['rɛːdisa]
alcachofa (f)	kronärtskocka (en)	['krʊnæːt͡skɔka]

55. Las frutas. Las nueces

fruto (m)	frukt (en)	['frʉkt]
manzana (f)	äpple (ett)	['ɛplʲe]
pera (f)	päron (ett)	['pæːrɔn]
limón (m)	citron (en)	[si'trʊn]
naranja (f)	apelsin (en)	[apɛlʲ'sin]
fresa (f)	jordgubbe (en)	['jʊːd̪gubə]

mandarina (f)	mandarin (en)	[manda'rin]
ciruela (f)	plommon (ett)	['plʲʊmɔn]
melocotón (m)	persika (en)	['pɛʂika]
albaricoque (m)	aprikos (en)	[apri'kʊs]
frambuesa (f)	hallon (ett)	['halʲɔn]
piña (f)	ananas (en)	['ananas]

banana (f)	banan (en)	['banan]
sandía (f)	vattenmelon (en)	['vatənˌme'lʲʊn]
uva (f)	druva (en)	['drʉːva]
guinda (f)	körsbär (ett)	['ɕøːʂˌbæːr]
cereza (f)	fågelbär (ett)	['fɔːgəlʲˌbæːr]
melón (m)	melon (en)	[me'lʲʊn]

pomelo (m)	grapefrukt (en)	['grɛjpˌfrʉkt]
aguacate (m)	avokado (en)	[avɔ'kadʊ]
papaya (f)	papaya (en)	[pa'paja]
mango (m)	mango (en)	['maŋgʊ]
granada (f)	granatäpple (en)	[gra'natˌɛplʲe]

| grosella (f) roja | röda vinbär (ett) | ['røːda 'vinbæːr] |
| grosella (f) negra | svarta vinbär (ett) | ['svaːʈa 'vinbæːr] |

144

grosella (f) espinosa	krusbär (ett)	['kruːsˌbæːr]
arándano (m)	blåbär (ett)	['blʲoːˌbæːr]
zarzamoras (f pl)	björnbär (ett)	['bjøːɳˌbæːr]

pasas (f pl)	russin (ett)	['rusin]
higo (m)	fikon (ett)	['fikɔn]
dátil (m)	dadel (en)	['dadəlʲ]

cacahuete (m)	jordnöt (en)	['juːɖˌnøːt]
almendra (f)	mandel (en)	['mandəlʲ]
nuez (f)	valnöt (en)	['valʲˌnøːt]
avellana (f)	hasselnöt (en)	['hasəlʲˌnøːt]
nuez (f) de coco	kokosnöt (en)	['kukusˌnøːt]
pistachos (m pl)	pistaschnötter (pl)	['pistaʃˌnœtər]

56. El pan. Los dulces

pasteles (m pl)	konditorivaror (pl)	[kɔndituˈriːˌvarur]
pan (m)	bröd (ett)	['brøːd]
galletas (f pl)	småkakor (pl)	['smoːkakur]

chocolate (m)	choklad (en)	[ʃɔk'lʲad]
de chocolate (adj)	choklad-	[ʃɔk'lʲad-]
caramelo (m)	konfekt, karamell (en)	[kɔn'fɛkt], [kara'mɛlʲ]
tarta (f) (pequeña)	kaka, bakelse (en)	['kaka], ['bakəlʲsə]
tarta (f) (~ de cumpleaños)	tårta (en)	['toːʈa]

| tarta (f) (~ de manzana) | paj (en) | ['paj] |
| relleno (m) | fyllning (en) | ['fylʲniŋ] |

confitura (f)	sylt (en)	['sylʲt]
mermelada (f)	marmelad (en)	[marme'lʲad]
gofre (m)	våffle (en)	['vɔflʲe]
helado (m)	glass (en)	['glʲas]
pudin (m)	pudding (en)	['pudiŋ]

57. Las especias

sal (f)	salt (ett)	['salʲt]
salado (adj)	salt	['salʲt]
salar (vt)	att salta	[at 'salʲta]

pimienta (f) negra	svartpeppar (en)	['svaːʈˌpɛpar]
pimienta (f) roja	rödpeppar (en)	['røːdˌpɛpar]
mostaza (f)	senap (en)	['seːnap]
rábano (m) picante	pepparrot (en)	['pɛpaˌrut]
condimento (m)	krydda (en)	['kryda]
especia (f)	krydda (en)	['kryda]

salsa (f)	**sås (en)**	['soːs]
vinagre (m)	**ättika (en)**	['ætika]
anís (m)	**anis (en)**	['anis]
albahaca (f)	**basilika (en)**	[ba'silika]
clavo (m)	**nejlika (en)**	['nɛjlika]
jengibre (m)	**ingefära (en)**	['iŋəˌfæːra]
cilantro (m)	**koriander (en)**	[kɔri'andər]
canela (f)	**kanel (en)**	[ka'nelʲ]
sésamo (m)	**sesam (en)**	['sesam]
hoja (f) de laurel	**lagerblad (ett)**	['lʲagərˌblʲad]
paprika (f)	**paprika (en)**	['paprika]
comino (m)	**kummin (en)**	['kumin]
azafrán (m)	**saffran (en)**	['safran]

T&P BOOKS

LA INFORMACIÓN PERSONAL. LA FAMILIA

58. La información personal.
    Los formularios
59. Los familiares. Los parientes
60. Los amigos. Los compañeros
    del trabajo

T&P Books Publishing

nombre (m)	namn (ett)	['namn]
apellido (m)	efternamn (ett)	['ɛftə‚ŋamn]
fecha (f) de nacimiento	födelsedatum (ett)	['fø:dəlˠsə‚datum]
lugar (m) de nacimiento	födelseort (en)	['fø:dəlˠsə‚ɔːt]

nacionalidad (f)	nationalitet (en)	[natɧunali'tet]
domicilio (m)	bostadsort (en)	['bostads‚ɔːt]
país (m)	land (ett)	['lˠand]
profesión (f)	yrke (ett),	['yrkə],
	profession (en)	[prɔfe'ɧun]

sexo (m)	kön (ett)	['ɕøːn]
estatura (f)	höjd (en)	['hœjd]
peso (m)	vikt (en)	['vikt]

madre (f)	mor (en)	['mʊr]
padre (m)	far (en)	['far]
hijo (m)	son (en)	['sɔn]
hija (f)	dotter (en)	['dɔtər]

hija (f) menor	yngsta dotter (en)	['yŋsta 'dɔtər]
hijo (m) menor	yngste son (en)	['yŋstə sɔn]
hija (f) mayor	äldsta dotter (en)	['ɛlˠsta 'dɔtər]
hijo (m) mayor	äldste son (en)	['ɛlˠstə 'sɔn]

hermano (m)	bror (en)	['brʊr]
hermano (m) mayor	storebror (en)	['stʊrə‚brʊr]
hermano (m) menor	lillebror (en)	['lilˠe‚brʊr]
hermana (f)	syster (en)	['systər]
hermana (f) mayor	storasyster (en)	['stʊra‚systər]
hermana (f) menor	lillasyster (en)	['lilˠa‚systər]

primo (m)	kusin (en)	[kʉ'siːn]
prima (f)	kusin (en)	[kʉ'siːn]
mamá (f)	mamma (en)	['mama]
papá (m)	pappa (en)	['papa]
padres (pl)	föräldrar (pl)	[før'ɛlˠdrar]
niño -a (m, f)	barn (ett)	['baːɳ]
niños (pl)	barn (pl)	['baːɳ]
abuela (f)	mormor, farmor (en)	['mʊrmʊr], ['farmʊr]

abuelo (m)	morfar, farfar (en)	['mʊrfar], ['farfar]
nieto (m)	barnbarn (ett)	['baːɳˌbaːɳ]
nieta (f)	barnbarn (ett)	['baːɳˌbaːɳ]
nietos (pl)	barnbarn (pl)	['baːɳˌbaːɳ]

tío (m)	farbror, morbror (en)	['farˌbrʊr], ['mʊrˌbrʊr]
tía (f)	faster, moster (en)	['fastər], ['mʊstər]
sobrino (m)	brorson, systerson (en)	['brʊrˌsɔn], ['sʏstəˌsɔn]
sobrina (f)	brorsdotter, systerdotter (en)	['brʊːsˌdɔtər], ['sʏstəˌdɔtər]

suegra (f)	svärmor (en)	['svæːrˌmʊr]
suegro (m)	svärfar (en)	['svæːrˌfar]
yerno (m)	svärson (en)	['svæːˌşɔn]
madrastra (f)	styvmor (en)	['stʏvˌmʊr]
padrastro (m)	styvfar (en)	['stʏvˌfar]

niño (m) de pecho	spädbarn (ett)	['spɛːdˌbaːɳ]
bebé (m)	spädbarn (ett)	['spɛːdˌbaːɳ]
chico (m)	baby, bäbis (en)	['bɛːbi], ['bɛːbis]

mujer (f)	hustru (en)	['hʉstrʉ]
marido (m)	man (en)	['man]
esposo (m)	make, äkta make (en)	['makə], ['ɛkta ˌmakə]
esposa (f)	hustru (en)	['hʉstrʉ]

casado (adj)	gift	['jift]
casada (adj)	gift	['jift]
soltero (adj)	ogift	[ʊ:'jift]
soltero (m)	ungkarl (en)	['ʊŋˌkar]
divorciado (adj)	frånskild	['froːnˌɦilʲd]
viuda (f)	änka (en)	['ɛŋka]
viudo (m)	änkling (en)	['ɛŋkliŋ]

pariente (m)	släkting (en)	['slʲɛktiŋ]
pariente (m) cercano	nära släkting (en)	['næːra 'slʲɛktiŋ]
pariente (m) lejano	fjärran släkting (en)	['fjæːran 'slʲɛktiŋ]
parientes (pl)	släktingar (pl)	['slʲɛktiŋar]

huérfano (m), huérfana (f)	föräldralöst barn (ett)	[førˈɛlʲdralʲœst 'baːɳ]
tutor (m)	förmyndare (en)	['førˌmʏndarə]
adoptar (un niño)	att adoptera	[at adɔp'tera]
adoptar (una niña)	att adoptera	[at adɔp'tera]

60. Los amigos. Los compañeros del trabajo

amigo (m)	vän (en)	['vɛːn]
amiga (f)	väninna (en)	[vɛː'nina]
amistad (f)	vänskap (en)	['vɛnˌskap]
ser amigo	att vara vänner	[at 'vara 'vɛnər]

amigote (m)	**vän (en)**	['vɛ:n]
amiguete (f)	**väninna (en)**	[vɛ:'nina]
compañero (m)	**partner (en)**	['pa:tɳər]
jefe (m)	**chef (en)**	['ɧef]
superior (m)	**överordnad (en)**	['ø:vərˌɔːdɳat]
propietario (m)	**ägare (en)**	['ɛːgarə]
subordinado (m)	**underordnad (en)**	['undərˌɔːdɳat]
colega (m, f)	**kollega (en)**	[kɔ'lʲe:ga]
conocido (m)	**bekant (en)**	[be'kant]
compañero (m) de viaje	**resekamrat (en)**	['resəˌkam'rat]
condiscípulo (m)	**klasskamrat (en)**	['klʲasˌkam'rat]
vecino (m)	**granne (en)**	['granə]
vecina (f)	**granne (en)**	['granə]
vecinos (pl)	**grannar (pl)**	['granar]

EL CUERPO. LA MEDICINA

61. La cabeza
62. El cuerpo
63. Las enfermedades
64. Los síntomas. Los tratamientos. Unidad 1
65. Los síntomas. Los tratamientos. Unidad 2
66. Los síntomas. Los tratamientos. Unidad 3
67. La medicina. Las drogas. Los accesorios

T&P Books Publishing

61. La cabeza

cabeza (f)	**huvud (ett)**	['huːvʉd]
cara (f)	**ansikte (ett)**	['ansiktə]
nariz (f)	**näsa (en)**	['nɛːsa]
boca (f)	**mun (en)**	['muːn]
ojo (m)	**öga (ett)**	['øːga]
ojos (m pl)	**ögon** (pl)	['øːgɔn]
pupila (f)	**pupill (en)**	[pʉ'pilʲ]
ceja (f)	**ögonbryn (ett)**	['øːgɔnˌbryn]
pestaña (f)	**ögonfrans (en)**	['øːgɔnˌfrans]
párpado (m)	**ögonlock (ett)**	['øːgɔnˌlʲɔk]
lengua (f)	**tunga (en)**	['tuŋa]
diente (m)	**tand (en)**	['tand]
labios (m pl)	**läppar** (pl)	['lʲɛpar]
pómulos (m pl)	**kindben** (pl)	['ɕindˌbeːn]
encía (f)	**tandkött (ett)**	['tandˌɕœt]
paladar (m)	**gom (en)**	['gʊm]
ventanas (f pl)	**näsborrar** (pl)	['nɛːsˌbɔrar]
mentón (m)	**haka (en)**	['haka]
mandíbula (f)	**käke (en)**	['ɕɛːkə]
mejilla (f)	**kind (en)**	['ɕind]
frente (f)	**panna (en)**	['pana]
sien (f)	**tinning (en)**	['tiniŋ]
oreja (f)	**öra (ett)**	['øːra]
nuca (f)	**nacke (en)**	['nakə]
cuello (m)	**hals (en)**	['halʲs]
garganta (f)	**strupe, hals (en)**	['strʉpə], ['halʲs]
pelo, cabello (m)	**hår** (pl)	['hoːr]
peinado (m)	**frisyr (en)**	[fri'syr]
corte (m) de pelo	**klippning (en)**	['klipniŋ]
peluca (f)	**peruk (en)**	[pe'rʉːk]
bigote (m)	**mustasch (en)**	[mʉ'staːʃ]
barba (f)	**skägg (ett)**	['ɧɛg]
tener (~ la barba)	**att ha**	[at 'ha]
trenza (f)	**fläta (en)**	['flʲɛːta]
patillas (f pl)	**polisonger** (pl)	[pɔli'sɔŋər]
pelirrojo (adj)	**rödhårig**	['røːdˌhoːrig]
gris, canoso (adj)	**grå**	['groː]

| calvo (adj) | skallig | ['skalig] |
| calva (f) | flint (en) | ['flint] |

| cola (f) de caballo | hästsvans (en) | ['hɛstˌsvans] |
| flequillo (m) | lugg, pannlugg (en) | [lʉg], ['panˌlʉg] |

62. El cuerpo

| mano (f) | hand (en) | ['hand] |
| brazo (m) | arm (en) | ['arm] |

dedo (m)	finger (ett)	['fiŋər]
dedo (m) del pie	tå (en)	['to:]
dedo (m) pulgar	tumme (en)	['tumə]
dedo (m) meñique	lillfinger (ett)	['lilʲˌfiŋər]
uña (f)	nagel (en)	['nagəlʲ]

puño (m)	knytnäve (en)	['knʏtˌnɛ:və]
palma (f)	handflata (en)	['handˌflʲata]
muñeca (f)	handled (en)	['handˌlʲed]
antebrazo (m)	underarm (en)	['undərˌarm]
codo (m)	armbåge (en)	['armˌbo:gə]
hombro (m)	skuldra (en)	['skʉlʲdra]

pierna (f)	ben (ett)	['be:n]
planta (f)	fot (en)	['fʊt]
rodilla (f)	knä (ett)	['knɛ:]
pantorrilla (f)	vad (ett)	['vad]

| cadera (f) | höft (en) | ['hœft] |
| talón (m) | häl (en) | ['hɛ:lʲ] |

cuerpo (m)	kropp (en)	['krɔp]
vientre (m)	mage (en)	['magə]
pecho (m)	bröst (ett)	['brœst]
seno (m)	bröst (ett)	['brœst]
lado (m), costado (m)	sida (en)	['sida]
espalda (f)	rygg (en)	['rʏg]

| zona (f) lumbar | ländrygg (en) | ['lʲɛndˌrʏg] |
| cintura (f), talle (m) | midja (en) | ['midja] |

ombligo (m)	navel (en)	['navəlʲ]
nalgas (f pl)	stjärtar, skinkor (pl)	['ɧæ:ʈar], ['ɧiŋkʊr]
trasero (m)	bak (en)	['bak]

lunar (m)	leverfläck (ett)	['lʲevərˌflɛk]
marca (f) de nacimiento	födelsemärke (ett)	['fø:dəlʲsəˌmæ:rkə]
tatuaje (m)	tatuering (en)	[tatʉ'eriŋ]
cicatriz (f)	ärr (ett)	['ær]

63. Las enfermedades

enfermedad (f)	sjukdom (en)	['ɧʉːk,dʊm]
estar enfermo	att vara sjuk	[at 'vara 'ɧʉːk]
salud (f)	hälsa, sundhet (en)	['hɛlˡsa], ['sund,het]
resfriado (m) (coriza)	snuva (en)	['snʉːva]
angina (f)	halsfluss, angina (en)	['halˡsˌflʉs], [aŋ'gina]
resfriado (m)	förkylning (en)	[før'ɕylˡniŋ]
resfriarse (vr)	att bli förkyld	[at bli før'ɕylˡd]
bronquitis (f)	bronkit (en)	[brɔŋ'kit]
pulmonía (f)	lunginflammation (en)	['lʉŋˌinflˡama'ɧʊn]
gripe (f)	influensa (en)	[inflʉ'ɛnsa]
miope (adj)	närsynt	['næːˌsʏnt]
présbita (adj)	långsynt	['lˡɔŋˌsʏnt]
estrabismo (m)	skelögdhet (en)	['ɧelˡøgd,het]
estrábico (m) (adj)	skelögd	['ɧelˡˌøgd]
catarata (f)	grå starr (en)	['groː 'star]
glaucoma (m)	grön starr (en)	['grøːn 'star]
insulto (m)	stroke (en), hjärnslag (ett)	['stroːk], ['jæːnˌɧlˡag]
ataque (m) cardiaco	infarkt (en)	[in'farkt]
infarto (m) de miocardio	hjärtinfarkt (en)	['jæːt̩ in'farkt]
parálisis (f)	förlamning (en)	[fœː'lˡamniŋ]
paralizar (vt)	att förlama	[at fœː'lˡama]
alergia (f)	allergi (en)	[alˡer'gi]
asma (f)	astma (en)	['astma]
diabetes (f)	diabetes (en)	[dia'betəs]
dolor (m) de muelas	tandvärk (en)	['tandˌvæːrk]
caries (f)	karies (en)	['karies]
diarrea (f)	diarré (en)	[dia're:]
estreñimiento (m)	förstoppning (en)	[fœː'ʂtɔpniŋ]
molestia (f) estomacal	magbesvär (ett)	['mag,be'svɛːr]
envenenamiento (m)	matförgiftning (en)	['matˌførʼjiftniŋ]
envenenarse (vr)	att få matförgiftning	[at foː 'matˌførʼjiftniŋ]
artritis (f)	artrit (en)	[a'ʈrit]
raquitismo (m)	rakitis (en)	[ra'kitis]
reumatismo (m)	reumatism (en)	[revma'tism]
ateroesclerosis (f)	åderförkalkning (en)	['oːdɛrførˌkalˡkniŋ]
gastritis (f)	gastrit (en)	[ga'strit]
apendicitis (f)	appendicit (en)	[apɛndi'sit]
colecistitis (f)	cholecystit (en)	[holəsys'tit]
úlcera (f)	magsår (ett)	['magˌsoːr]

sarampión (m)	**mässling (en)**	['mɛs‚liŋ]
rubeola (f)	**röda hund (en)**	['rø:da 'hund]
ictericia (f)	**gulsot (en)**	['gu:lʲ‚sut]
hepatitis (f)	**hepatit (en)**	[hepa'tit]

esquizofrenia (f)	**schizofreni (en)**	[skitsofre'ni:]
rabia (f) (hidrofobia)	**rabies (en)**	['rabies]
neurosis (f)	**neuros (en)**	[nev'rɔs]
conmoción (f) cerebral	**hjärnskakning (en)**	['jæ:n‚skakniŋ]

cáncer (m)	**cancer (en)**	['kansər]
esclerosis (f)	**skleros (en)**	[sklʲe'rɔs]
esclerosis (m) múltiple	**multipel skleros (en)**	[mulʲ'tipelʲ sklʲe'rɔs]

alcoholismo (m)	**alkoholism (en)**	[alʲkuhɔ'lizm]
alcohólico (m)	**alkoholist (en)**	[alʲkuhɔ'list]
sífilis (f)	**syfilis (en)**	['syfilis]
SIDA (m)	**AIDS**	['ɛjds]

tumor (m)	**tumör (en)**	[tʉ'mø:r]
maligno (adj)	**elakartad**	['ɛlʲak‚a:ţad]
benigno (adj)	**godartad**	['gud‚a:ţad]

fiebre (f)	**feber (en)**	['febər]
malaria (f)	**malaria (en)**	[ma'lʲaria]
gangrena (f)	**kallbrand (en)**	['kalʲ‚brand]
mareo (m)	**sjösjuka (en)**	['ɧø:‚ɧʉ:ka]
epilepsia (f)	**epilepsi (en)**	[epilʲep'si:]

epidemia (f)	**epidemi (en)**	[ɛpide'mi:]
tifus (m)	**tyfus (en)**	['tyfus]
tuberculosis (f)	**tuberkulos (en)**	[tʉbɛrkʉ'lʲɔs]
cólera (f)	**kolera (en)**	['kulʲera]
peste (f)	**pest (en)**	['pɛst]

64. Los síntomas. Los tratamientos. Unidad 1

síntoma (m)	**symptom (ett)**	[sʏmp'tɔm]
temperatura (f)	**temperatur (en)**	[tɛmpəra'tʉ:r]
fiebre (f)	**hög temperatur (en)**	['hø:g tɛmpəra'tʉ:r]
pulso (m)	**puls (en)**	['pulʲs]

mareo (m) (vértigo)	**yrsel, svindel (en)**	['y:səlʲ], ['svindəlʲ]
caliente (adj)	**varm**	['varm]
escalofrío (m)	**rysning (en)**	['rʏsniŋ]
pálido (adj)	**blek**	['blʲek]

tos (f)	**hosta (en)**	['husta]
toser (vi)	**att hosta**	[at 'husta]
estornudar (vi)	**att nysa**	[at 'nysa]

desmayo (m)	svimning (en)	['svimniŋ]
desmayarse (vr)	att svimma	[at 'svima]

moradura (f)	blåmärke (ett)	['blʲoːˌmæːrkə]
chichón (m)	bula (en)	['bʉːlʲa]
golpearse (vr)	att slå sig	[at 'slʲoː sɛj]
magulladura (f)	blåmärke (ett)	['blʲoːˌmæːrkə]
magullarse (vr)	att slå sig	[at 'slʲoː sɛj]

cojear (vi)	att halta	[at 'halʲta]
dislocación (f)	vrickning (en)	['vrikniŋ]
dislocar (vt)	att förvrida	[at før'vrida]
fractura (f)	brott (ett), fraktur (en)	['brɔt], [frak'tʉːr]
tener una fractura	att få en fraktur	[at foː en frak'tʉːr]

corte (m) (tajo)	skärsår (ett)	['ɧæːˌsoːr]
cortarse (vr)	att skära sig	[at 'ɧæːra sɛj]
hemorragia (f)	blödning (en)	['blʲœdniŋ]

quemadura (f)	brännsår (ett)	['brɛnˌsoːr]
quemarse (vr)	att bränna sig	[at 'brɛna sɛj]

pincharse (~ el dedo)	att sticka	[at 'stika]
pincharse (vr)	att sticka sig	[at 'stika sɛj]
herir (vt)	att skada	[at 'skada]
herida (f)	skada (en)	['skada]
lesión (f) (herida)	sår (ett)	['soːr]
trauma (m)	trauma (en)	['travma]

delirar (vi)	att tala i feberyra	[at 'talʲa i 'febəryra]
tartamudear (vi)	att stamma	[at 'stama]
insolación (f)	solsting (ett)	['sʉlʲˌstiŋ]

65. Los síntomas. Los tratamientos. Unidad 2

dolor (m)	värk, smärta (en)	['væːrk], ['smɛʈa]
astilla (f)	sticka (en)	['stika]

sudor (m)	svett (en)	['svɛt]
sudar (vi)	att svettas	[at 'svɛtas]
vómito (m)	kräkning (en)	['krɛkniŋ]
convulsiones (f pl)	kramper (pl)	['krampər]

embarazada (adj)	gravid	[gra'vid]
nacer (vi)	att födas	[at 'føːdas]
parto (m)	förlossning (en)	[fœːˈlʲɔsniŋ]
dar a luz	att föda	[at 'føːda]
aborto (m)	abort (en)	[a'bɔːʈ]
respiración (f)	andning (en)	['andniŋ]
inspiración (f)	inandning (en)	['inˌandniŋ]

espiración (f)	utandning (en)	['ʉt‚andniŋ]
espirar (vi)	att andas ut	[at 'andas ʉt]
inspirar (vi)	att andas in	[at 'andas in]

inválido (m)	handikappad person (en)	['handi‚kapad pɛ'ʂʉn]
mutilado (m)	krympling (en)	['krʏmpliŋ]
drogadicto (m)	narkoman (en)	[narkʉ'man]

sordo (adj)	döv	['dø:v]
mudo (adj)	stum	['stu:m]
sordomudo (adj)	dövstum	['dø:v‚stu:m]

loco (adj)	mentalsjuk, galen	['mental'ɧʉ:k], ['galʲen]
loco (m)	dåre, galning (en)	['do:rə], ['galʲniŋ]
loca (f)	dåre, galning (en)	['do:rə], ['galʲniŋ]
volverse loco	att bli sinnessjuk	[at bli 'sinɛs‚ɧʉ:k]

gen (m)	gen (en)	['jen]
inmunidad (f)	immunitet (en)	[imʉni'te:t]
hereditario (adj)	ärftlig	['æ:rftlig]
de nacimiento (adj)	medfödd	['med‚fœd]

virus (m)	virus (ett)	['vi:rʉs]
microbio (m)	mikrob (en)	[mi'krɔb]
bacteria (f)	bakterie (en)	[bak'teriə]
infección (f)	infektion (en)	[infɛk'ɧʉn]

66. Los síntomas. Los tratamientos. Unidad 3

| hospital (m) | sjukhus (ett) | ['ɧʉ:k‚hʉs] |
| paciente (m) | patient (en) | [pasi'ent] |

diagnosis (f)	diagnos (en)	[dia'gnɔs]
cura (f)	kur (en)	['kʉ:r]
tratamiento (m)	behandling (en)	[be'handliŋ]
curarse (vr)	att bli behandlad	[at bli be'handlʲad]
tratar (vt)	att behandla	[at be'handlʲa]
cuidar (a un enfermo)	att sköta	[at 'ɧø:ta]
cuidados (m pl)	vård (en)	['vo:ɖ]

operación (f)	operation (en)	[ɔpera'ɧʉn]
vendar (vt)	att förbinda	[at før'binda]
vendaje (m)	förbindning (en)	[før'bindniŋ]

vacunación (f)	vaccination (en)	[vaksina'ɧʉn]
vacunar (vt)	att vaksinera	[at vaksi'nera]
inyección (f)	injektion (en)	[injɛk'ɧʉn]
aplicar una inyección	att ge en spruta	[at je: en 'sprʉta]
ataque (m)	anfall (ett), attack (en)	['anfalʲ], [a'tak]
amputación (f)	amputation (en)	[ampʉta'ɧʉn]

amputar (vt)	att amputera	[at ampʉ'tera]
coma (m)	koma (ett)	['kɔma]
estar en coma	att ligga i koma	[at 'liga i 'kɔma]
revitalización (f)	intensivavdelning (en)	[intɛn'siv‚av'dɛlʲniŋ]

recuperarse (vr)	att återhämta sig	[at 'o:ter‚hɛmta sɛj]
estado (m) (de salud)	tillstånd (ett)	['tilʲ‚stɔnd]
consciencia (f)	medvetande (ett)	['med‚vetandə]
memoria (f)	minne (ett)	['minə]

extraer (un diente)	att dra ut	[at 'dra ʉt]
empaste (m)	plomb (en)	['plʲɔmb]
empastar (vt)	att plombera	[at plʲɔm'bera]

hipnosis (f)	hypnos (en)	[hʏp'nɔs]
hipnotizar (vt)	att hypnotisera	[at 'hʏpnɔti‚sera]

67. La medicina. Las drogas. Los accesorios

medicamento (m), droga (f)	medicin (en)	[medi'sin]
remedio (m)	medel (ett)	['medəlʲ]
prescribir (vt)	att ordinera	[at o:dʲi'nera]
receta (f)	recept (ett)	[re'sɛpt]

tableta (f)	tablett (en)	[tab'lʲet]
ungüento (m)	salva (en)	['salʲva]
ampolla (f)	ampull (en)	[am'pulʲ]
mixtura (f), mezcla (f)	mixtur (en)	[miks'tʉ:r]
sirope (m)	sirap (en)	['sirap]
píldora (f)	piller (ett)	['pilʲer]
polvo (m)	pulver (ett)	['pulʲvər]

venda (f)	gasbinda (en)	['gas‚binda]
algodón (m) (discos de ~)	vadd (en)	['vad]
yodo (m)	jod (en)	['jʊd]

tirita (f), curita (f)	plåster (ett)	['plʲɔstər]
pipeta (f)	pipett (en)	[pi'pɛt]
termómetro (m)	termometer (en)	[tɛrmʊ'metər]
jeringa (f)	spruta (en)	['sprʉta]

silla (f) de ruedas	rullstol (en)	['rʉlʲ‚stʊlʲ]
muletas (f pl)	kryckor (pl)	['krʏkʊr]

anestésico (m)	smärtstillande medel (ett)	['smæ:t‚stilʲande 'medəlʲ]
purgante (m)	laxermedel (ett)	['lʲaksər 'medəlʲ]
alcohol (m)	sprit (en)	['sprit]
hierba (f) medicinal	läkeväxter (pl)	['lʲɛkə‚vɛkstər]
de hierbas (té ~)	ört-	['ø:t-]

EL APARTAMENTO

68. El apartamento
69. Los muebles. El interior
70. Los accesorios de cama
71. La cocina
72. El baño
73. Los aparatos domésticos

T&P Books Publishing

apartamento (m)	lägenhet (en)	[ˈlʲeːɡənˌhet]
habitación (f)	rum (ett)	[ˈruːm]
dormitorio (m)	sovrum (ett)	[ˈsɔvˌrum]
comedor (m)	matsal (en)	[ˈmatsalʲ]
salón (m)	vardagsrum (ett)	[ˈvaːɖasˌrum]
despacho (m)	arbetsrum (ett)	[ˈarbetsˌrum]
antecámara (f)	entréhall (en)	[ɛntreːhalʲ]
cuarto (m) de baño	badrum (ett)	[ˈbadˌruːm]
servicio (m)	toalett (en)	[tʊaˈlʲet]
techo (m)	tak (ett)	[ˈtak]
suelo (m)	golv (ett)	[ˈɡɔlʲv]
rincón (m)	hörn (ett)	[ˈhøːɳ]

muebles (m pl)	möbel (en)	[ˈmøːbəlʲ]
mesa (f)	bord (ett)	[ˈbʊːɖ]
silla (f)	stol (en)	[ˈstʊlʲ]
cama (f)	säng (en)	[ˈsɛŋ]
sofá (m)	soffa (en)	[ˈsɔfa]
sillón (m)	fåtölj, länstol (en)	[foːˈtœlj], [ˈlɛnˌstʊlʲ]
librería (f)	bokhylla (en)	[ˈbʊkˌhylʲa]
estante (m)	hylla (en)	[ˈhylʲa]
armario (m)	garderob (en)	[ɡaːdəˈrɔːb]
percha (f)	knagg (en)	[ˈknaɡ]
perchero (m) de pie	klädhängare (en)	[ˈklʲɛdˌhɛŋarə]
cómoda (f)	byrå (en)	[ˈbyrɔː]
mesa (f) de café	soffbord (ett)	[ˈsɔfˌbʊːɖ]
espejo (m)	spegel (en)	[ˈspeɡəlʲ]
tapiz (m)	matta (en)	[ˈmata]
alfombra (f)	liten matta (en)	[ˈliten ˈmata]
chimenea (f)	kamin (en), eldstad (ett)	[kaˈmin], [ˈɛlʲdˌstad]
vela (f)	ljus (ett)	[ˈjʉːs]
candelero (m)	ljusstake (en)	[ˈjʉːsˌstakə]
cortinas (f pl)	gardiner (pl)	[ɡaːˈɖinər]

| empapelado (m) | tapet (en) | [ta'pet] |
| estor (m) de láminas | persienn (en) | [pɛ'ʂjen] |

lámpara (f) de mesa	bordslampa (en)	['bʊ:ɖʂ,lʲampa]
aplique (m)	vägglampa (en)	['vɛɡ,lʲampa]
lámpara (f) de pie	golvlampa (en)	['ɡolʲv,lʲampa]
lámpara (f) de araña	ljuskrona (en)	['jɥ:s,krʊna]

pata (f) (~ de la mesa)	ben (ett)	['be:n]
brazo (m)	armstöd (ett)	['arm,stø:d]
espaldar (m)	rygg (en)	['rʏɡ]
cajón (m)	låda (en)	['lʲo:da]

70. Los accesorios de cama

ropa (f) de cama	sängkläder (pl)	['sɛŋ,klʲɛ:dər]
almohada (f)	kudde (en)	['kudə]
funda (f)	örngott (ett)	['ø:rn,ɡɔt]
manta (f)	duntäcke (ett)	['dɥ:n,tɛkə]
sábana (f)	lakan (ett)	['lʲakan]
sobrecama (f)	överkast (ett)	['ø:və,kast]

71. La cocina

cocina (f)	kök (ett)	['ɕø:k]
gas (m)	gas (en)	['ɡas]
cocina (f) de gas	gasspis (en)	['ɡas,spis]
cocina (f) eléctrica	elektrisk spis (en)	[ɛ'lʲektrisk ,spis]
horno (m)	bakugn (en)	['bak,ugn]
horno (m) microondas	mikrovågsugn (en)	['mikrʊvɔɡs,ugn]

frigorífico (m)	kylskåp (ett)	['ɕylʲ,sko:p]
congelador (m)	frys (en)	['frys]
lavavajillas (m)	diskmaskin (en)	['disk,ma'ʃi:n]

picadora (f) de carne	köttkvarn (en)	['ɕœt,kva:ɳ]
exprimidor (m)	juicepress (en)	['ju:s,prɛs]
tostador (m)	brödrost (en)	['brø:d,rɔst]
batidora (f)	mixer (en)	['miksər]

cafetera (f) (aparato de cocina)	kaffebryggare (en)	['kafə,brʏɡarə]
cafetera (f) (para servir)	kaffekanna (en)	['kafə,kana]
molinillo (m) de café	kaffekvarn (en)	['kafə,kva:ɳ]

hervidor (m) de agua	tekittel (en)	['te,ɕitəlʲ]
tetera (f)	tekanna (en)	['te,kana]
tapa (f)	lock (ett)	['lʲɔk]

colador (m) de té	tesil (en)	['te͵silʲ]
cuchara (f)	sked (en)	['ɧed]
cucharilla (f)	tesked (en)	['te͵ɧed]
cuchara (f) de sopa	matsked (en)	['mat͵ɧed]
tenedor (m)	gaffel (en)	['gafəlʲ]
cuchillo (m)	kniv (en)	['kniv]

vajilla (f)	servis (en)	[sɛrˈvis]
plato (m)	tallrik (en)	['talʲrik]
platillo (m)	tefat (ett)	['te͵fat]

vaso (m) de chupito	shotglas (ett)	['ʃot͵glʲas]
vaso (m) (~ de agua)	glas (ett)	['glʲas]
taza (f)	kopp (en)	['kop]

azucarera (f)	sockerskål (en)	['sɔkə͵ˌskoːlʲ]
salero (m)	saltskål (en)	['salʲt͵skoːlʲ]
pimentero (m)	pepparskål (en)	['pɛpa͵skoːlʲ]
mantequera (f)	smörfat (en)	['smœr͵fat]

cacerola (f)	kastrull, gryta (en)	[ka'strulʲ], ['gryta]
sartén (f)	stekpanna (en)	['stek͵pana]
cucharón (m)	slev (en)	['slʲev]
colador (m)	durkslag (ett)	['durk͵slʲag]
bandeja (f)	bricka (en)	['brika]

botella (f)	flaska (en)	['flʲaska]
tarro (m) de vidrio	glasburk (en)	['glʲas͵burk]
lata (f)	burk (en)	['burk]

abrebotellas (m)	flasköppnare (en)	['flʲask͵øpnarə]
abrelatas (m)	burköppnare (en)	['burk͵øpnarə]
sacacorchos (m)	korkskruv (en)	['kork͵skruːv]
filtro (m)	filter (ett)	['filʲtər]
filtrar (vt)	att filtrera	[at filʲˈtrera]

| basura (f) | sopor, avfall (ett) | ['supʊr], ['avfalʲ] |
| cubo (m) de basura | sophink (en) | ['sup͵hiŋk] |

72. El baño

cuarto (m) de baño	badrum (ett)	['bad͵ruːm]
agua (f)	vatten (ett)	['vatən]
grifo (m)	kran (en)	['kran]
agua (f) caliente	varmvatten (ett)	['varm͵vatən]
agua (f) fría	kallvatten (ett)	['kalʲ͵vatən]

pasta (f) de dientes	tandkräm (en)	['tand͵krɛm]
limpiarse los dientes	att borsta tänderna	[at 'bɔːʂta 'tɛndɛːɳa]
cepillo (m) de dientes	tandborste (en)	['tand͵bɔːʂtə]

afeitarse (vr)	att raka sig	['raka sɛj]
espuma (f) de afeitar	raklödder (ett)	['rak,lʲødər]
maquinilla (f) de afeitar	hyvel (en)	['hyvəlʲ]
lavar (vt)	att tvätta	[at 'tvæta]
darse un baño	att tvätta sig	[at 'tvæta sɛj]
ducha (f)	dusch (en)	['duʃ]
darse una ducha	att duscha	[at 'duʃa]
bañera (f)	badkar (ett)	['bad,kar]
inodoro (m)	toalettstol (en)	[tʊa'lʲet,stʊlʲ]
lavabo (m)	handfat (ett)	['hand,fat]
jabón (m)	tvål (en)	['tvo:lʲ]
jabonera (f)	tvålskål (en)	['tvo:lʲ,sko:lʲ]
esponja (f)	svamp (en)	['svamp]
champú (m)	schampo (ett)	['ʃam,pʊ]
toalla (f)	handduk (en)	['hand,dɯ:k]
bata (f) de baño	morgonrock (en)	['mɔrgɔn,rɔk]
colada (f), lavado (m)	tvätt (en)	['tvæt]
lavadora (f)	tvättmaskin (en)	['tvæt,ma'ʃi:n]
lavar la ropa	att tvätta kläder	[at 'tvæta 'klʲɛ:dər]
detergente (m) en polvo	tvättmedel (ett)	['tvæt,medəlʲ]

73. Los aparatos domésticos

televisor (m)	teve (en)	['teve]
magnetófono (m)	bandspelare (en)	['band,spelʲarə]
vídeo (m)	video (en)	['videʊ]
radio (m)	radio (en)	['radiʊ]
reproductor (m) (~ MP3)	spelare (en)	['spelʲarə]
proyector (m) de vídeo	videoprojektor (en)	['videʊ prʊ'jɛktʊr]
sistema (m) home cinema	hemmabio (en)	['hɛma,bi:ʊ]
reproductor (m) de DVD	DVD spelare (en)	[deve'de: ,spelʲarə]
amplificador (m)	förstärkare (en)	[fœ:'ʂtæ:karə]
videoconsola (f)	spelkonsol (en)	['spelʲ kɔn'sɔlʲ]
cámara (f) de vídeo	videokamera (en)	['videʊ,kamera]
cámara (f) fotográfica	kamera (en)	['kamera]
cámara (f) digital	digitalkamera (en)	[digi'talʲ ,kamera]
aspirador (m), aspiradora (f)	dammsugare (en)	['dam,sɯgarə]
plancha (f)	strykjärn (ett)	['stryk,jæ:ŋ]
tabla (f) de planchar	strykbräda (en)	['stryk,brɛ:da]
teléfono (m)	telefon (en)	[telʲe'fɔn]
teléfono (m) móvil	mobiltelefon (en)	[mɔ'bilʲ telʲe'fɔn]

máquina (f) de escribir	**skrivmaskin (en)**	['skriv͵ma'ɧi:n]
máquina (f) de coser	**symaskin (en)**	['sy͵ma'ɧi:n]
micrófono (m)	**mikrofon (en)**	[mikrʊ'fɔn]
auriculares (m pl)	**hörlurar** (pl)	['hœ:͵lʲʉ:rar]
mando (m) a distancia	**fjärrkontroll (en)**	['fjæ:r͵kɔn'trolʲ]
CD (m)	**cd-skiva (en)**	['sede ͵ɧiva]
casete (m)	**kassett (en)**	[ka'sɛt]
disco (m) de vinilo	**skiva (en)**	['ɧiva]

T&P BOOKS

LA TIERRA. EL TIEMPO

74. El espacio
75. La tierra
76. Los puntos cardinales
77. El mar. El océano
78. Los nombres de los mares y
    los océanos
79. Las montañas
80. Los nombres de las montañas
81. Los ríos
82. Los nombres de los ríos
83. El bosque
84. Los recursos naturales
85. El tiempo
86. Los eventos climáticos severos.
    Los desastres naturales

T&P Books Publishing

cosmos (m)	**rymden, kosmos (ett)**	[rʏmden], ['kosmɔs]
espacial, cósmico (adj)	**rymd-**	['rʏmd-]
espacio (m) cósmico	**yttre rymd (en)**	['ytrə ˌrʏmd]
mundo (m)	**värld (en)**	['væːɖ]
universo (m)	**universum (ett)**	[uni'vɛːʂum]
galaxia (f)	**galax (en)**	[ga'lʲaks]
estrella (f)	**stjärna (en)**	['ɧæːɳa]
constelación (f)	**stjärnbild (en)**	['ɧæːɳˌbilʲd]
planeta (m)	**planet (en)**	[plʲa'net]
satélite (m)	**satellit (en)**	[satɛ'liːt]
meteorito (m)	**meteorit (en)**	[meteʊ'rit]
cometa (m)	**komet (en)**	[kʊ'met]
asteroide (m)	**asteroid (en)**	[asterʊ'id]
órbita (f)	**bana (en)**	['bana]
girar (vi)	**att rotera**	[at rʊ'tera]
atmósfera (f)	**atmosfär (en)**	[atmʊ'sfæːr]
Sol (m)	**Solen**	['sʊlʲən]
sistema (m) solar	**solsystem (ett)**	['sʊlʲ ˌsʏ'stem]
eclipse (m) de Sol	**solförmörkelse (en)**	['sʊlʲførˈmœːrkəlʲsə]
Tierra (f)	**Jorden**	['jʊːɖən]
Luna (f)	**Månen**	['moːnən]
Marte (m)	**Mars**	['maːʂ]
Venus (f)	**Venus**	['veːnus]
Júpiter (m)	**Jupiter**	['jupitər]
Saturno (m)	**Saturnus**	[sa'tuːɳus]
Mercurio (m)	**Merkurius**	[mɛr'kʉrius]
Urano (m)	**Uranus**	[ʉ'ranus]
Neptuno (m)	**Neptunus**	[nep'tʉnus]
Plutón (m)	**Pluto**	['plʉtʊ]
la Vía Láctea	**Vintergatan**	['vintəˌgatan]
la Osa Mayor	**Stora bjornen**	['stʊra 'bjʊːɳən]
la Estrella Polar	**Polstjärnan**	['pʊlʲˌɧæːɳan]
marciano (m)	**marsian (en)**	[ma:ʂi'an]
extraterrestre (m)	**utomjording (en)**	['ʉtɔmˌjʊːɖisk]

| planetícola (m) | rymdväsen (ett) | ['rʏmdˌvɛsən] |
| platillo (m) volante | flygande tefat (ett) | ['flʲygandə 'tefat] |

nave (f) espacial	rymdskepp (ett)	['rʏmdˌɧɛp]
estación (f) orbital	rymdstation (en)	['rʏmd sta'ɧʊn]
despegue (m)	start (en)	['sta:t]

motor (m)	motor (en)	['mʊtʊr]
tobera (f)	dysa (en)	['dysa]
combustible (m)	bränsle (ett)	['brɛnslʲe]

carlinga (f)	cockpit, flygdäck (en)	['kɔkpit], ['flʏgˌdɛk]
antena (f)	antenn (en)	[an'tɛn]
ventana (f)	fönster (ett)	['fœnstər]
batería (f) solar	solbatteri (ett)	['sʊlʲˌbatɛ'ri:]
escafandra (f)	rymddräkt (en)	['rʏmdˌdrɛkt]

| ingravidez (f) | tyngdlöshet (en) | ['tʏŋdlʲøsˌhet] |
| oxígeno (m) | syre, oxygen (ett) | ['syrə], ['oksygən] |

| atraque (m) | dockning (en) | ['dɔkniŋ] |
| realizar el atraque | att docka | [at 'dɔka] |

observatorio (m)	observatorium (ett)	[ɔbsɛrva'tʊrium]
telescopio (m)	teleskop (ett)	[telʲe'skɔp]
observar (vt)	att observera	[at ɔbsɛr'vera]
explorar (~ el universo)	att utforska	[at 'ʉtˌfɔ:ʂka]

75. La tierra

Tierra (f)	Jorden	['jʊ:dən]
globo (m) terrestre	jordklot (ett)	['jʊ:dˌklʲʊt]
planeta (m)	planet (en)	[plʲa'net]

atmósfera (f)	atmosfär (en)	[atmʊ'sfæ:r]
geografía (f)	geografi (en)	[jeʊgra'fi:]
naturaleza (f)	natur (en)	[na'tʉ:r]

globo (m) terráqueo	glob (en)	['glʲʊb]
mapa (m)	karta (en)	['ka:ʈa]
atlas (m)	atlas (en)	['atlʲas]

Europa (f)	Europa	[eu'rʊpa]
Asia (f)	Asien	['asiən]
África (f)	Afrika	['afrika]
Australia (f)	Australien	[au'straliən]

América (f)	Amerika	[a'merika]
América (f) del Norte	Nordamerika	['nʊ:ɖ a'merika]
América (f) del Sur	Sydamerika	['syd a'merika]

| Antártida (f) | **Antarktis** | [an'tarktis] |
| Ártico (m) | **Arktis** | ['arktis] |

76. Los puntos cardinales

norte (m)	**norr**	['nɔr]
al norte	**norrut**	['nɔrʉt]
en el norte	**i norr**	[i 'nɔr]
del norte (adj)	**nordlig**	['nʊ:dlig]

sur (m)	**söder (en)**	['sø:dər]
al sur	**söderut**	['sø:dərʉt]
en el sur	**i söder**	[i 'sø:dər]
del sur (adj)	**syd-, söder**	['syd-], ['sø:dər]

oeste (m)	**väster (en)**	['vɛstər]
al oeste	**västerut**	['vɛstərʉt]
en el oeste	**i väst**	[i vɛst]
del oeste (adj)	**västra**	['vɛstra]

este (m)	**öster (en)**	['œstər]
al este	**österut**	['œstərʉt]
en el este	**i öst**	[i 'œst]
del este (adj)	**östra**	['œstra]

77. El mar. El océano

mar (m)	**hav (ett)**	['hav]
océano (m)	**ocean (en)**	[ʊsə'an]
golfo (m)	**bukt (en)**	['bukt]
estrecho (m)	**sund (ett)**	['sund]

tierra (f) firme	**fastland (ett)**	['fast,lʲand]
continente (m)	**fastland (ett), kontinent (en)**	['fast,lʲand], [kɔnti'nɛnt]
isla (f)	**ö (en)**	['ø:]
península (f)	**halvö (en)**	['halʲv,ø:]
archipiélago (m)	**skärgård, arkipelag (en)**	['ɧæ:r,go:d], [arkipe'lʲag]

bahía (f)	**bukt (en)**	['bukt]
ensenada, bahía (f)	**hamn (en)**	['hamn]
laguna (f)	**lagun (en)**	[lʲa'gʉ:n]
cabo (m)	**udde (en)**	['udə]

atolón (m)	**atoll (en)**	[a'tɔlʲ]
arrecife (m)	**rev (ett)**	['rev]
coral (m)	**korall (en)**	[kɔ'ralʲ]
arrecife (m) de coral	**korallrev (ett)**	[kɔ'ralʲ,rev]

profundo (adj)	djup	['ju:p]
profundidad (f)	djup (ett)	['ju:p]
abismo (m)	avgrund (en)	['av‚grʊnd]
fosa (f) oceánica	djuphavsgrav (en)	['ju:phavs‚grav]

| corriente (f) | ström (en) | ['strø:m] |
| bañar (rodear) | att omge | [at 'ɔmje] |

| orilla (f) | kust (en) | ['kust] |
| costa (f) | kust (en) | ['kust] |

flujo (m)	flod (en)	['flʲʊd]
reflujo (m)	ebb (en)	['ɛb]
banco (m) de arena	sandbank (en)	['sand‚baŋk]
fondo (m)	botten (en)	['bɔtən]

ola (f)	våg (en)	['vo:g]
cresta (f) de la ola	vågkam (en)	['vo:g‚kam]
espuma (f)	skum (ett)	['skum]

tempestad (f)	storm (en)	['stɔrm]
huracán (m)	orkan (en)	[ɔr'kan]
tsunami (m)	tsunami (en)	[tsu'nami]
bonanza (f)	stiltje (en)	['stilʲtjə]
calmo, tranquilo	stilla	['stilʲa]

| polo (m) | pol (en) | ['pʊlʲ] |
| polar (adj) | pol-, polar- | ['pʊlʲ-], [pʊ'lʲar-] |

latitud (f)	latitud (en)	[lʲati'tu:d]
longitud (f)	longitud (en)	[lʲɔnji'tu:d]
paralelo (m)	breddgrad (en)	['brɛd‚grad]
ecuador (m)	ekvator (en)	[ɛ'kvatʊr]

cielo (m)	himmel (en)	['himəlʲ]
horizonte (m)	horisont (en)	[hʊri'sɔnt]
aire (m)	luft (en)	['lʊft]

faro (m)	fyr (en)	['fyr]
bucear (vi)	att dyka	[at 'dyka]
hundirse (vr)	att sjunka	[at 'ɧuŋka]
tesoros (m pl)	skatter (pl)	['skatər]

78. Los nombres de los mares y los océanos

océano (m) Atlántico	Atlanten	[at'lʲantən]
océano (m) Índico	Indiska oceanen	['indiska ʊsə'anən]
océano (m) Pacífico	Stilla havet	['stilʲa 'havɛt]
océano (m) Glacial Ártico	Norra ishavet	['nɔra ‚is'havɛt]
mar (m) Negro	Svarta havet	['sva:ta 'havɛt]

mar (m) Rojo	**Röda havet**	['rø:da 'havɛt]
mar (m) Amarillo	**Gula havet**	['gʉ:lʲa 'havɛt]
mar (m) Blanco	**Vita havet**	['vita 'havɛt]
mar (m) Caspio	**Kaspiska havet**	['kaspiska 'havɛt]
mar (m) Muerto	**Döda havet**	['dø:da 'havɛt]
mar (m) Mediterráneo	**Medelhavet**	['medəlʲˌhavɛt]
mar (m) Egeo	**Egeiska havet**	[ɛ'gejska 'havɛt]
mar (m) Adriático	**Adriatiska havet**	[adri'atiska 'havɛt]
mar (m) Arábigo	**Arabiska havet**	[a'rabiska 'havɛt]
mar (m) del Japón	**Japanska havet**	[ja'panska 'havɛt]
mar (m) de Bering	**Beringshavet**	['beringsˌhavɛt]
mar (m) de la China Meridional	**Sydkinesiska havet**	['sydɕiˌnesiska 'havɛt]
mar (m) del Coral	**Korallhavet**	[ko'ralʲˌhavɛt]
mar (m) de Tasmania	**Tasmanhavet**	[tas'manˌhavɛt]
mar (m) Caribe	**Karibiska havet**	[ka'ribiska 'havɛt]
mar (m) de Barents	**Barentshavet**	['barɛntsˌhavɛt]
mar (m) de Kara	**Karahavet**	['karaˌhavɛt]
mar (m) del Norte	**Nordsjön**	['nʊ:dˌɧø:n]
mar (m) Báltico	**Östersjön**	['œstɛ:ˌɧø:n]
mar (m) de Noruega	**Norska havet**	['nɔ:ʂka 'havɛt]

79. Las montañas

montaña (f)	**berg (ett)**	['bɛrj]
cadena (f) de montañas	**bergskedja (en)**	['bɛrjˌɕedja]
cresta (f) de montañas	**bergsrygg (en)**	['bɛrjsˌrʏg]
cima (f)	**topp (en)**	['tɔp]
pico (m)	**tinne (en)**	['tinə]
pie (m)	**fot (en)**	['fʊt]
cuesta (f)	**sluttning (en)**	['slʉ:tniŋ]
volcán (m)	**vulkan (en)**	[vulʲ'kan]
volcán (m) activo	**verksam vulkan (en)**	['vɛrksam vulʲ'kan]
volcán (m) apagado	**slocknad vulkan (en)**	['slʲoknad vulʲ'kan]
erupción (f)	**utbrott (ett)**	['ʉtˌbrɔt]
cráter (m)	**krater (en)**	['kratər]
magma (m)	**magma (en)**	['magma]
lava (f)	**lava (en)**	['lʲava]
fundido (lava ~a)	**glödgad**	['glʲœdgad]
cañón (m)	**kanjon (en)**	['kanjon]
desfiladero (m)	**klyfta (en)**	['klʲyfta]

| grieta (f) | skreva (en) | ['skreva] |
| precipicio (m) | avgrund (en) | ['av‚grʉnd] |

puerto (m) (paso)	pass (ett)	['pas]
meseta (f)	platå (en)	[plʲa'to:]
roca (f)	klippa (en)	['klipa]
colina (f)	kulle, backe (en)	['kulʲe], ['bakə]

glaciar (m)	glaciär, jökel (en)	[glʲas'jæ:r], ['jø:kəlʲ]
cascada (f)	vattenfall (ett)	['vatən‚falʲ]
geiser (m)	gejser (en)	['gɛjsər]
lago (m)	sjö (en)	['ʃø:]

llanura (f)	slätt (en)	['slʲæt]
paisaje (m)	landskap (ett)	['lʲaŋ‚skap]
eco (m)	eko (ett)	['ɛkʊ]

alpinista (m)	alpinist (en)	['alʲpi‚nist]
escalador (m)	bergsbestigare (en)	['bɛrjs‚be'stigarə]
conquistar (vt)	att erövra	[at ɛ'rœvra]
ascensión (f)	bestigning (en)	[be'stigniŋ]

80. Los nombres de las montañas

Alpes (m pl)	Alperna	['alʲpɛ:ŋa]
Montblanc (m)	Mont Blanc	[‚mɔn'blʲaŋ]
Pirineos (m pl)	Pyrenéerna	[pyre'neæ:ŋa]

Cárpatos (m pl)	Karpaterna	[kar'patɛ:ŋa]
Urales (m pl)	Uralbergen	[ʉ'ralʲ‚bɛrjən]
Cáucaso (m)	Kaukasus	['kaukasus]
Elbrus (m)	Elbrus	['ɛlʲbrʉs]

Altai (m)	Altaj	[alʲ'taj]
Tian-Shan (m)	Tian Shan	[ti'an ʃan]
Pamir (m)	Pamir	[pa'mir]
Himalayos (m pl)	Himalaya	[hi'malʲaja]
Everest (m)	Everest	[ɛve'rɛst]

| Andes (m pl) | Anderna | ['andɛ:ŋa] |
| Kilimanjaro (m) | Kilimanjaro | [kiliman'jarʊ] |

81. Los ríos

río (m)	älv, flod (en)	['ɛlʲv], ['flʲʊd]
manantial (m)	källa (en)	['ɕɛlʲa]
lecho (m) (curso de agua)	flodbädd (en)	['flʲʊd‚bɛd]
cuenca (f) fluvial	flodbassäng (en)	['flʲʊd‚ba'sɛŋ]

desembocar en ...	att mynna ut ...	[at 'mʏna ʉt ...]
afluente (m)	biflod (en)	['bi͵flʲʊd]
ribera (f)	strand (en)	['strand]
corriente (f)	ström (en)	['strø:m]
río abajo (adv)	nedströms	['nɛd͵strœms]
río arriba (adv)	motströms	['mʊt͵strœms]
inundación (f)	översvämning (en)	['ø:və͵svɛmniŋ]
riada (f)	flöde (ett)	['flʲø:də]
desbordarse (vr)	att flöda över	[at 'flʲø:da ͵ø:vər]
inundar (vt)	att översvämma	[at 'ø:və͵svɛma]
bajo (m) arenoso	grund (ett)	['grʉnd]
rápido (m)	forsar (pl)	[fo'ʂar]
presa (f)	damm (en)	['dam]
canal (m)	kanal (en)	[ka'nalʲ]
lago (m) artificiale	reservoar (ett)	[resɛrvʊ'a:r]
esclusa (f)	sluss (en)	['slʉ:s]
cuerpo (m) de agua	vattensamling (en)	['vatən͵samliŋ]
pantano (m)	myr, mosse (en)	['myr], ['mʊsə]
ciénaga (f)	gungfly (ett)	['gʊŋ͵flʲy]
remolino (m)	strömvirvel (en)	['strø:m͵virvəlʲ]
arroyo (m)	bäck (en)	['bɛk]
potable (adj)	dricks-	['driks-]
dulce (agua ~)	söt-, färsk-	['sø:t-], ['fæ:ʂk-]
hielo (m)	is (en)	['is]
helarse (el lago, etc.)	att frysa till	[at 'frysa tilʲ]

82. Los nombres de los ríos

Sena (m)	Seine	['sɛ:n]
Loira (m)	Loire	[lʲʊ'a:r]
Támesis (m)	Themsen	['tɛmsən]
Rin (m)	Rhen	['ren]
Danubio (m)	Donau	['dɔnaʊ]
Volga (m)	Volga	['vɔlʲga]
Don (m)	Don	['dɔn]
Lena (m)	Lena	['lʲena]
Río (m) Amarillo	Hwang-ho	[huaŋ'hʊ]
Río (m) Azul	Yangtze	['jɑŋtsə]
Mekong (m)	Mekong	[me'kɔŋ]
Ganges (m)	Ganges	['gaŋəs]

Nilo (m)	Nilen	['nil'en]
Congo (m)	Kongo	['kɔŋgʊ]
Okavango (m)	Okavango	[ɔka'vaŋgʊ]
Zambeze (m)	Zambezi	[sam'besi]
Limpopo (m)	Limpopo	[lim'pɔpɔ]
Misisipi (m)	Mississippi	[misi'sipi]

83. El bosque

| bosque (m) | skog (en) | ['skʊg] |
| de bosque (adj) | skogs- | ['skʊgs-] |

espesura (f)	tät skog (en)	['tɛt ˌskʊg]
bosquecillo (m)	lund (en)	['lʉnd]
claro (m)	glänta (en)	['gl'ɛnta]

| maleza (f) | snår (ett) | ['snoːr] |
| matorral (m) | buskterräng (en) | ['busk tɛ'rɛŋ] |

| senda (f) | stig (en) | ['stig] |
| barranco (m) | ravin (en) | [ra'vin] |

árbol (m)	träd (ett)	['trɛːd]
hoja (f)	löv (ett)	['l'øːv]
follaje (m)	löv, lövverk (ett)	['l'øːv], ['l'øːværk]

caída (f) de hojas	lövfällning (en)	['l'øːvˌfɛl'niŋ]
caer (las hojas)	att falla	[at 'fal'a]
cima (f)	trädtopp (en)	['trɛːˌtɔp]

rama (f)	gren, kvist (en)	['gren], ['kvist]
rama (f) (gruesa)	gren (en)	['gren]
brote (m)	knopp (en)	['knɔp]
aguja (f)	nål (en)	['noːl']
piña (f)	kotte (en)	['kɔtə]

| agujero (m) | trädhål (ett) | ['trɛːdˌhoːl'] |
| nido (m) | bo (ett) | ['bʊ] |

tronco (m)	stam (en)	['stam]
raíz (f)	rot (en)	['rʊt]
corteza (f)	bark (en)	['bark]
musgo (m)	mossa (en)	['mɔsa]

extirpar (vt)	att rycka upp med rötterna	[at 'rʏka up me 'rœttɛːŋa]
talar (vt)	att fälla	[at 'fɛl'a]
deforestar (vt)	att hugga ner	[at 'huga ner]
tocón (m)	stubbe (en)	['stubə]
hoguera (f)	bål (ett)	['boːl']

| incendio (m) forestal | skogsbrand (en) | ['skʊgsˌbrand] |
| apagar (~ el incendio) | att släcka | [at 'slʲɛka] |

guarda (m) forestal	skogsvakt (en)	['skʊgsˌvakt]
protección (f)	värn, skydd (ett)	['væːn], [ʃʏd]
proteger (vt)	att skydda	[at 'ʃʏda]
cazador (m) furtivo	tjuvskytt (en)	['ɕʉːvˌʃʏt]
cepo (m)	sax (en)	['saks]

| recoger (setas, bayas) | att plocka | [at 'plʲɔka] |
| perderse (vr) | att gå vilse | [at 'goː 'vilʲsə] |

84. Los recursos naturales

| recursos (m pl) naturales | naturresurser (pl) | [na'tʉːr re'surʂər] |
| recursos (m pl) subterráneos | mineraler (pl) | [mine'ralʲər] |

| depósitos (m pl) | fyndigheter (pl) | ['fʏndiˌhetər] |
| yacimiento (m) | fält (ett) | ['fɛlʲt] |

extraer (vt)	att utvinna	[at 'ʉtˌvina]
extracción (f)	utvinning (en)	['ʉtˌviniŋ]
mena (f)	malm (en)	['malʲm]
mina (f)	gruva (en)	['grʉva]
pozo (m) de mina	gruvschakt (ett)	['grʉːvˌʃakt]
minero (m)	gruvarbetare (en)	['grʉːvˌarˈbetarə]

gas (m)	gas (en)	['gas]
gasoducto (m)	gasledning (en)	['gasˌlʲedniŋ]
petróleo (m)	olja (en)	['ɔlja]
oleoducto (m)	oljeledning (en)	['ɔljəˌlʲedniŋ]
pozo (m) de petróleo	oljekälla (en)	['ɔljəˌɕæla]
torre (f) de sondeo	borrtorn (ett)	['bɔrˌtʉːn]
petrolero (m)	tankfartyg (ett)	['taŋkˌfaːˈtyg]

arena (f)	sand (en)	['sand]
caliza (f)	kalksten (en)	[kalʲkˌsten]
grava (f)	grus (ett)	['grʉːs]
turba (f)	torv (en)	['tɔrv]
arcilla (f)	lera (en)	['lʲera]
carbón (m)	kol (ett)	['kɔlʲ]

hierro (m)	järn (ett)	['jæːn]
oro (m)	guld (ett)	['gulʲd]
plata (f)	silver (ett)	['silʲvər]
níquel (m)	nickel (en)	['nikəlʲ]
cobre (m)	koppar (en)	['kopar]

| zinc (m) | zink (en) | ['siŋk] |
| manganeso (m) | mangan (en) | [man'gan] |

| mercurio (m) | kvicksilver (ett) | ['kvik͵silʲvər] |
| plomo (m) | bly (ett) | ['blʲy] |

mineral (m)	mineral (ett)	[minə'ralʲ]
cristal (m)	kristall (en)	[kri'stalʲ]
mármol (m)	marmor (en)	['marmʉr]
uranio (m)	uran (ett)	[ʉ'ran]

85. El tiempo

tiempo (m)	väder (ett)	['vɛ:dər]
previsión (f) del tiempo	väderprognos (en)	['vɛ:dər͵prɔg'nɔ:s]
temperatura (f)	temperatur (en)	[tɛmpəra'tʉ:r]
termómetro (m)	termometer (en)	[tɛrmʉ'metər]
barómetro (m)	barometer (en)	[barʉ'metər]

húmedo (adj)	fuktig	['fu:ktig]
humedad (f)	fuktighet (en)	['fu:ktig͵het]
bochorno (m)	hetta (en)	['hɛta]
tórrido (adj)	het	['het]
hace mucho calor	det är hett	[dɛ æ:r 'hɛt]

| hace calor (templado) | det är varmt | [dɛ æ:r varmt] |
| templado (adj) | varm | ['varm] |

| hace frío | det är kallt | [dɛ æ:r 'kalʲt] |
| frío (adj) | kall | ['kalʲ] |

sol (m)	sol (en)	['sʉlʲ]
brillar (vi)	att skina	[at 'ɧina]
soleado (un día ~)	solig	['sʉlig]
elevarse (el sol)	att gå upp	[at 'go: 'up]
ponerse (vr)	att gå ner	[at 'go: ͵ner]

nube (f)	moln (ett), sky (en)	['mɔlʲn], ['ɧy]
nuboso (adj)	molnig	['mɔlʲnig]
nubarrón (m)	regnmoln (ett)	['rɛgn͵mɔlʲn]
nublado (adj)	mörk, mulen	['mœ:rk], ['mʉ:lʲen]

lluvia (f)	regn (ett)	['rɛgn]
está lloviendo	det regnar	[dɛ 'rɛgnar]
lluvioso (adj)	regnväders-	['rɛgn͵vɛdəş-]
lloviznar (vi)	att duggregna	[at 'dug͵rɛgna]

aguacero (m)	hällande regn (ett)	['hɛlʲandə 'rɛgn]
chaparrón (m)	spöregn (ett)	['spø:͵rɛgn]
fuerte (la lluvia ~)	kraftigt, häftigt	['kraftigt], ['hɛftigt]
charco (m)	pöl, vattenpuss (en)	['pø:lʲ], ['vatən͵pus]
mojarse (vr)	att bli våt	[at bli 'vo:t]
niebla (f)	dimma (en)	['dima]

nebuloso (adj)	dimmig	['dimig]
nieve (f)	snö (en)	['snø:]
está nevando	det snöar	[dɛ 'snø:ar]

86. Los eventos climáticos severos. Los desastres naturales

tormenta (f)	åskväder (ett)	['ɔskˌvɛdər]
relámpago (m)	blixt (en)	['blikst]
relampaguear (vi)	att blixtra	[at 'blikstra]

trueno (m)	åska (en)	['ɔska]
tronar (vi)	att åska	[at 'ɔska]
está tronando	det åskar	[dɛ 'ɔskar]

| granizo (m) | hagel (ett) | ['hagəlʲ] |
| está granizando | det haglar | [dɛ 'haglʲar] |

| inundar (vt) | att översvämma | [at 'ø:vəˌsvɛma] |
| inundación (f) | översvämning (en) | ['ø:vəˌsvɛmniŋ] |

terremoto (m)	jordskalv (ett)	['juːdˌskalv]
sacudida (f)	skalv (ett)	['skalʲv]
epicentro (m)	epicentrum (ett)	[ɛpi'sɛntrum]

| erupción (f) | utbrott (ett) | ['ʉtˌbrɔt] |
| lava (f) | lava (en) | ['lʲava] |

torbellino (m)	tromb (en)	['trɔmb]
tornado (m)	tornado (en)	[tʊ'ɳadʊ]
tifón (m)	tyfon (en)	[ty'fɔn]

huracán (m)	orkan (en)	[ɔr'kan]
tempestad (f)	storm (en)	['stɔrm]
tsunami (m)	tsunami (en)	[tsu'nami]

ciclón (m)	cyklon (en)	[tsʏ'klʲɔn]
mal tiempo (m)	oväder (ett)	[ʊ'vɛːdər]
incendio (m)	brand (en)	['brand]
catástrofe (f)	katastrof (en)	[kata'strɔf]
meteorito (m)	meteorit (en)	[meteʊ'rit]

avalancha (f)	lavin (en)	[lʲa'vin]
alud (m) de nieve	snöskred, snöras (ett)	['snø:ˌskred], ['snø:ˌras]
ventisca (f)	snöstorm (en)	['snø:ˌstɔrm]
nevasca (f)	snöstorm (en)	['snø:ˌstɔrm]

LA FAUNA

87. Los mamíferos. Los predadores
88. Los animales salvajes
89. Los animales domésticos
90. Los pájaros
91. Los peces. Los animales marinos
92. Los anfibios. Los reptiles
93. Los insectos

T&P Books Publishing

87. Los mamíferos. Los predadores

carnívoro (m)	**rovdjur (ett)**	['rʊvˌjʉːr]
tigre (m)	**tiger (en)**	['tigər]
león (m)	**lejon (ett)**	['lʲejɔn]
lobo (m)	**ulv (en)**	['ulʲv]
zorro (m)	**räv (en)**	['rɛːv]
jaguar (m)	**jaguar (en)**	[jaguar]
leopardo (m)	**leopard (en)**	[lʲeʊ'paːd]
guepardo (m)	**gepard (en)**	[je'paːd]
pantera (f)	**panter (en)**	['pantər]
puma (f)	**puma (en)**	['pʉːma]
leopardo (m) de las nieves	**snöleopard (en)**	['snøː lʲeʊ'paːd]
lince (m)	**lodjur (ett), lo (en)**	['lʲʊˌjʉːr], ['lʲʊ]
coyote (m)	**koyot, prärievarg (en)**	[kɔ'jʊt], ['præːrieˌvarj]
chacal (m)	**sjakal (en)**	[ɧa'kalʲ]
hiena (f)	**hyena (en)**	[hy'ena]

88. Los animales salvajes

animal (m)	**djur (ett)**	['jʉːr]
bestia (f)	**best (en), djur (ett)**	['bɛst], ['jʉːr]
ardilla (f)	**ekorre (en)**	['ɛkɔrə]
erizo (m)	**igelkott (en)**	['igəlʲˌkɔt]
liebre (f)	**hare (en)**	['harə]
conejo (m)	**kanin (en)**	[ka'nin]
tejón (m)	**grävling (en)**	['grɛvliŋ]
mapache (m)	**tvättbjörn (en)**	['tvætˌbjøːn]
hámster (m)	**hamster (en)**	['hamstər]
marmota (f)	**murmeldjur (ett)**	['murmelʲˌjʉːr]
topo (m)	**mullvad (en)**	['mulʲˌvad]
ratón (m)	**mus (en)**	['mʉːs]
rata (f)	**råtta (en)**	['rɔta]
murciélago (m)	**fladdermus (en)**	['flʲadərˌmʉːs]
armiño (m)	**hermelin (en)**	[hɛrme'lin]
cebellina (f)	**sobel (en)**	['sɔbəlʲ]
marta (f)	**mård (en)**	['moːd]

comadreja (f)	**vessla (en)**	[ˈvɛslʲa]
visón (m)	**mink (en)**	[ˈmiŋk]
castor (m)	**bäver (en)**	[ˈbɛ:vər]
nutria (f)	**utter (en)**	[ˈʉ:tər]
caballo (m)	**häst (en)**	[ˈhɛst]
alce (m)	**älg (en)**	[ˈɛlj]
ciervo (m)	**hjort (en)**	[ˈjʉ:t]
camello (m)	**kamel (en)**	[kaˈmelʲ]
bisonte (m)	**bison (en)**	[ˈbisɔn]
uro (m)	**uroxe (en)**	[ˈʉˌroksə]
búfalo (m)	**buffel (en)**	[ˈbufəlʲ]
cebra (f)	**sebra (en)**	[ˈsebra]
antílope (m)	**antilop (en)**	[antiˈlʲʊp]
corzo (m)	**rådjur (ett)**	[ˈrɔ:jʉ:r]
gamo (m)	**dovhjort (en)**	[ˈdɔvˌjʉ:t]
gamuza (f)	**gems (en)**	[ˈjɛms]
jabalí (m)	**vildsvin (ett)**	[ˈvilʲdˌsvin]
ballena (f)	**val (en)**	[ˈvalʲ]
foca (f)	**säl (en)**	[ˈsɛ:lʲ]
morsa (f)	**valross (en)**	[ˈvalʲˌrɔs]
oso (m) marino	**pälssäl (en)**	[ˈpɛlʲsˌsɛlʲ]
delfín (m)	**delfin (en)**	[dɛlʲˈfin]
oso (m)	**björn (en)**	[ˈbjø:n]
oso (m) blanco	**isbjörn (en)**	[ˈisˌbjø:n]
panda (f)	**panda (en)**	[ˈpanda]
mono (m)	**apa (en)**	[ˈapa]
chimpancé (m)	**schimpans (en)**	[ɧimˈpans]
orangután (m)	**orangutang (en)**	[ʊˈraŋgʊˌtaŋ]
gorila (m)	**gorilla (en)**	[gɔˈrilʲa]
macaco (m)	**makak (en)**	[maˈkak]
gibón (m)	**gibbon (en)**	[giˈbʊn]
elefante (m)	**elefant (en)**	[ɛlʲeˈfant]
rinoceronte (m)	**noshörning (en)**	[ˈnʊsˌhø:ɳiŋ]
jirafa (f)	**giraff (en)**	[ɧiˈraf]
hipopótamo (m)	**flodhäst (en)**	[ˈflʲʊdˌhɛst]
canguro (m)	**känguru (en)**	[ˈɕɛngurʊ]
koala (f)	**koala (en)**	[kʊˈalʲa]
mangosta (f)	**mangust, mungo (en)**	[ˈmangust], [ˈmuŋgʊ]
chinchilla (f)	**chinchilla (en)**	[ɧinˈjilʲa]
mofeta (f)	**skunk (en)**	[ˈskuŋk]
espín (m)	**piggsvin (ett)**	[ˈpigˌsvin]

89. Los animales domésticos

gata (f)	katt (en)	['kat]
gato (m)	hankatt (en)	['han‚kat]
perro (m)	hund (en)	['hund]

caballo (m)	häst (en)	['hɛst]
garañón (m)	hingst (en)	['hiŋst]
yegua (f)	sto (ett)	['stʊː]

vaca (f)	ko (en)	['kɔː]
toro (m)	tjur (en)	['ɕɵːr]
buey (m)	oxe (en)	['ʊksə]

oveja (f)	får (ett)	['foːr]
carnero (m)	bagge (en)	['bagə]
cabra (f)	get (en)	['jet]
cabrón (m)	getabock (en)	['jeta‚bɔk]

| asno (m) | åsna (en) | ['ɔsna] |
| mulo (m) | mula (en) | ['mɵlʲa] |

cerdo (m)	svin (ett)	['svin]
cerdito (m)	griskulting (en)	['gris‚kulʲtiŋ]
conejo (m)	kanin (en)	[ka'nin]
gallina (f)	höna (en)	['høːna]
gallo (m)	tupp (en)	['tup]

pato (m)	anka (en)	['aŋka]
ánade (m)	andrik, andrake (en)	['andrik], ['andrakə]
ganso (m)	gås (en)	['goːs]

| pavo (m) | kalkontupp (en) | [kalʲ'kʊn‚tup] |
| pava (f) | kalkonhöna (en) | [kalʲ'kʊn‚høːna] |

animales (m pl) domésticos	husdjur (pl)	['hɵsjɵːr]
domesticado (adj)	tam	['tam]
domesticar (vt)	att tämja	[at 'tɛmja]
criar (vt)	att avla, att föda upp	[at 'avlʲa], [at 'føːda up]

granja (f)	farm, lantgård (en)	[farm], ['lʲant‚goːd]
aves (f pl) de corral	fjäderfä (ett)	['fjɛːdər‚fɛː]
ganado (m)	boskap (en)	['bʊskap]
rebaño (m)	hjord (en)	['jʊːd]

caballeriza (f)	stall (ett)	['stalʲ]
porqueriza (f)	svinstia (en)	['svin‚stia]
vaquería (f)	ladugård (en), kostall (ett)	['lʲadɵ‚goːd], ['kostalʲ]
conejal (m)	kaninbur (en)	[ka'nin‚bɵːr]
gallinero (m)	hönshus (ett)	['høːns‚hɵs]

90. Los pájaros

pájaro (m)	fågel (en)	['foːɡəlʲ]
paloma (f)	duva (en)	['dʉːva]
gorrión (m)	sparv (en)	['sparv]
carbonero (m)	talgoxe (en)	['taljʊksə]
urraca (f)	skata (en)	['skata]
cuervo (m)	korp (en)	['kɔrp]
corneja (f)	kråka (en)	['kroːka]
chova (f)	kaja (en)	['kaja]
grajo (m)	råka (en)	['roːka]
pato (m)	anka (en)	['aŋka]
ganso (m)	gås (en)	['goːs]
faisán (m)	fasan (en)	[fa'san]
águila (f)	örn (en)	['øːŋ]
azor (m)	hök (en)	['høːk]
halcón (m)	falk (en)	['falʲk]
buitre (m)	gam (en)	['gam]
cóndor (m)	kondor (en)	['kɔn‚dor]
cisne (m)	svan (en)	['svan]
grulla (f)	trana (en)	['trana]
cigüeña (f)	stork (en)	['stɔrk]
loro (m), papagayo (m)	papegoja (en)	[pape'gɔja]
colibrí (m)	kolibri (en)	['kolibri]
pavo (m) real	påfågel (en)	['poː‚foːɡəlʲ]
avestruz (m)	struts (en)	['struts]
garza (f)	häger (en)	['hɛːɡər]
flamenco (m)	flamingo (en)	[flʲa'mingɔ]
pelícano (m)	pelikan (en)	[peli'kan]
ruiseñor (m)	näktergal (en)	['nɛktə‚galʲ]
golondrina (f)	svala (en)	['svalʲa]
tordo (m)	trast (en)	['trast]
zorzal (m)	sångtrast (en)	['sɔŋ‚trast]
mirlo (m)	koltrast (en)	['kolʲ‚trast]
vencejo (m)	tornseglare,	['tʊːn‚seglarə],
	tornsvala (en)	['tʊːn‚svalʲa]
alondra (f)	lärka (en)	['lʲæːrka]
codorniz (f)	vaktel (en)	['vaktəlʲ]
pájaro carpintero (m)	hackspett (en)	['hak‚spet]
cuco (m)	gök (en)	['jøːk]
lechuza (f)	uggla (en)	['uglʲa]

búho (m)	berguv (en)	['bɛrj‚ʉ:v]
urogallo (m)	tjäder (en)	['ɕɛ:dər]
gallo lira (m)	orre (en)	['ɔrə]
perdiz (f)	rapphöna (en)	['rap‚hø:na]
estornino (m)	stare (en)	['starə]
canario (m)	kanariefågel (en)	[ka'nariə‚fo:gəlʲ]
ortega (f)	järpe (en)	['jæ:rpə]
pinzón (m)	bofink (en)	['bʉ‚fiŋk]
camachuelo (m)	domherre (en)	['dʊmhɛrə]
gaviota (f)	mås (en)	['mo:s]
albatros (m)	albatross (en)	['alʲba‚trɔs]
pingüino (m)	pingvin (en)	[piŋ'vin]

91. Los peces. Los animales marinos

brema (f)	brax (en)	['braks]
carpa (f)	karp (en)	['karp]
perca (f)	ábborre (en)	['abɔrə]
siluro (m)	mal (en)	['malʲ]
lucio (m)	gädda (en)	['jɛda]
salmón (m)	lax (en)	['lʲaks]
esturión (m)	stör (en)	['stø:r]
arenque (m)	sill (en)	['silʲ]
salmón (m) del Atlántico	atlanterhavslax (en)	[at'lantərhav‚lʲaks]
caballa (f)	makrill (en)	['makrilʲ]
lenguado (m)	rödspätta (en)	['rø:d‚spæta]
lucioperca (f)	gös (en)	['jø:s]
bacalao (m)	torsk (en)	['tɔ:ʂk]
atún (m)	tonfisk (en)	['tʊn‚fisk]
trucha (f)	öring (en)	['ø:riŋ]
anguila (f)	ål (en)	['o:lʲ]
raya (f) eléctrica	elektrisk rocka (en)	[ɛ'lʲektrisk‚rɔka]
morena (f)	muräna (en)	[mʉ'rɛna]
piraña (f)	piraya (en)	[pi'raja]
tiburón (m)	haj (en)	['haj]
delfín (m)	delfin (en)	[dɛlʲ'fin]
ballena (f)	val (en)	['valʲ]
centolla (f)	krabba (en)	['kraba]
medusa (f)	manet, medusa (en)	[ma'net], [me'dʉsa]
pulpo (m)	bläckfisk (en)	['blʲɛk‚fisk]
estrella (f) de mar	sjöstjärna (en)	['ɧø:‚ɧæ:‚ŋa]
erizo (m) de mar	sjöpiggsvin (ett)	['ɧø:‚pigsvin]

caballito (m) de mar	sjöhäst (en)	['ɧøːˌhɛst]
ostra (f)	ostron (ett)	['ʊstrʊn]
camarón (m)	räka (en)	['rɛːka]
bogavante (m)	hummer (en)	['humər]
langosta (f)	languster (en)	[lʲaŋ'gustər]

92. Los anfibios. Los reptiles

| serpiente (f) | orm (en) | ['ʊrm] |
| venenoso (adj) | giftig | ['jiftig] |

víbora (f)	huggorm (en)	['hɵgˌʊrm]
cobra (f)	kobra (en)	['kɔbra]
pitón (m)	pytonorm (en)	[py'tɔnˌʊrm]
boa (f)	boaorm (en)	['bʊaˌʊrm]

culebra (f)	snok (en)	['snʊk]
serpiente (m) de cascabel	skallerorm (en)	['skalʲerˌʊrm]
anaconda (f)	anaconda (en)	[ana'kɔnda]

lagarto (m)	ödla (en)	['ødlʲa]
iguana (f)	iguana (en)	[igu'ana]
varano (m)	varan (en)	[va'ran]
salamandra (f)	salamander (en)	[salʲa'mandər]
camaleón (m)	kameleont (en)	[kamelʲe'ɔnt]
escorpión (m)	skorpion (en)	[skɔrpi'ʊn]

tortuga (f)	sköldpadda (en)	['ɧœlʲdˌpada]
rana (f)	groda (en)	['grʊda]
sapo (m)	padda (en)	['pada]
cocodrilo (m)	krokodil (en)	[krɔkɔ'dilʲ]

93. Los insectos

insecto (m)	insekt (en)	['insɛkt]
mariposa (f)	fjäril (en)	['fʲæːrilʲ]
hormiga (f)	myra (en)	['myra]
mosca (f)	fluga (en)	['flɵːga]
mosquito (m) (picadura de ~)	mygga (en)	['mʏga]
escarabajo (m)	skalbagge (en)	['skalʲˌbagə]

avispa (f)	geting (en)	['jɛtiŋ]
abeja (f)	bi (ett)	['bi]
abejorro (m)	humla (en)	['humlʲa]
moscardón (m)	styngfluga (en)	['stʏŋˌflɵːga]
araña (f)	spindel (en)	['spindəlʲ]
telaraña (f)	spindelnät (ett)	['spindəlˌnɛːt]

libélula (f)	trollslända (en)	['trɔlɪˌslɪɛnda]
saltamontes (m)	gräshoppa (en)	['grɛsˌhɔpa]
mariposa (f) nocturna	nattfjäril (en)	['natˌfjæːrilʲ]

cucaracha (f)	kackerlacka (en)	['kakɛːˌlʲaka]
garrapata (f)	fästing (en)	['fɛstiŋ]
pulga (f)	loppa (en)	['lʲɔpa]
mosca (f) negra	knott (ett)	['knot]

langosta (f)	vandringsgräs-hoppa (en)	['vandriŋˌgrɛs 'hɔparə]
caracol (m)	snigel (en)	['snigəlʲ]
grillo (m)	syrsa (en)	['syʂa]
luciérnaga (f)	lysmask (en)	['lʲysˌmask]
mariquita (f)	nyckelpiga (en)	['nʏkəlʲˌpiga]
sanjuanero (m)	ollonborre (en)	['ɔlʲɔnˌbɔrə]

sanguijuela (f)	igel (en)	['iːgəlʲ]
oruga (f)	fjärilslarv (en)	['fjæːrilʲsˌlʲarv]
lombriz (m) de tierra	daggmask (en)	['dagˌmask]
larva (f)	larv (en)	['lʲarv]

T&P BOOKS

LA FLORA

94. Los árboles
95. Los arbustos
96. Las frutas. Las bayas
97. Las flores. Las plantas
98. Los cereales, los granos

T&P Books Publishing

árbol (m)	träd (ett)	['trɛ:d]
foliáceo (adj)	löv-	['lʲø:v-]
conífero (adj)	barr-	['bar-]
de hoja perenne	eviggrönt	['ɛviˌgrœnt]

manzano (m)	äppelträd (ett)	['ɛpelʲˌtrɛd]
peral (m)	päronträd (ett)	['pæ:rɔnˌtrɛd]
cerezo (m)	fågelbärsträd (ett)	['fo:gəlʲbæ:ʂˌtrɛd]
guindo (m)	körsbärsträd (ett)	['ɕø:ʂbæ:ʂˌtrɛd]
ciruelo (m)	plommonträd (ett)	['plʲʉmɔnˌtrɛd]

abedul (m)	björk (en)	['bjœrk]
roble (m)	ek (en)	['ɛk]
tilo (m)	lind (en)	['lind]
pobo (m)	asp (en)	['asp]
arce (m)	lönn (en)	['lʲøn]

pícea (f)	gran (en)	['gran]
pino (m)	tall (en)	['talʲ]
alerce (m)	lärk (en)	['lʲæ:rk]

| abeto (m) | silvergran (en) | ['silʲverˌgran] |
| cedro (m) | ceder (en) | ['sedər] |

| álamo (m) | poppel (en) | ['pɔpəlʲ] |
| serbal (m) | rönn (en) | ['rœn] |

| sauce (m) | pil (en) | ['pilʲ] |
| aliso (m) | al (en) | ['alʲ] |

| haya (f) | bok (en) | ['bʊk] |
| olmo (m) | alm (en) | ['alʲm] |

| fresno (m) | ask (en) | ['ask] |
| castaño (m) | kastanjeträd (ett) | [ka'stanjəˌtrɛd] |

magnolia (f)	magnolia (en)	[maŋ'nʊlia]
palmera (f)	palm (en)	['palʲm]
ciprés (m)	cypress (en)	[sɤ'prɛs]

mangle (m)	mangroveträd (ett)	[maŋ'rɔvəˌtrɛd]
baobab (m)	apbrödsträd (ett)	['apbrødsˌtrɛd]
eucalipto (m)	eukalyptus (en)	[euka'lʲyptʉs]
secoya (f)	sequoia (en)	[sek'vɔja]

95. Los arbustos

| mata (f) | buske (en) | ['buskə] |
| arbusto (m) | buske (en) | ['buskə] |

| vid (f) | vinranka (en) | ['vin‚raŋka] |
| viñedo (m) | vingård (en) | ['vin‚go:d] |

frambueso (m)	hallonsnår (ett)	['halʲɔn‚sno:r]
grosellero (m) negro	svarta vinbär (ett)	['sva:ʈa 'vinbæ:r]
grosellero (m) rojo	röd vinbärsbuske (en)	['rø:d 'vinbæ:ʂ‚buskə]
grosellero (m) espinoso	krusbärsbuske (en)	['krʉ:sbæ:ʂ‚buskə]

acacia (f)	akacia (en)	[a'kasia]
berberís (m)	berberis (en)	['bɛrberis]
jazmín (m)	jasmin (en)	[has'min]

enebro (m)	en (en)	['en]
rosal (m)	rosenbuske (en)	['rʉsən‚buskə]
escaramujo (m)	stenros, hundros (en)	['stenrʉs], ['hundrʉs]

96. Las frutas. Las bayas

fruto (m)	frukt (en)	['frʉkt]
frutos (m pl)	frukter (pl)	['frʉktər]
manzana (f)	äpple (ett)	['ɛplʲe]
pera (f)	päron (ett)	['pæ:rɔn]
ciruela (f)	plommon (ett)	['plʲʉmɔn]

fresa (f)	jordgubbe (en)	['jʉ:d‚gubə]
guinda (f)	körsbär (ett)	['ɕø:ʂ‚bæ:r]
cereza (f)	fågelbär (ett)	['fo:gəlʲ‚bæ:r]
uva (f)	druva (en)	['drʉ:va]

frambuesa (f)	hallon (ett)	['halʲɔn]
grosella (f) negra	svarta vinbär (ett)	['sva:ʈa 'vinbæ:r]
grosella (f) roja	röda vinbär (ett)	['rø:da 'vinbæ:r]
grosella (f) espinosa	krusbär (ett)	['krʉ:s‚bæ:r]
arándano (m) agrio	tranbär (ett)	['tran‚bæ:r]

naranja (f)	apelsin (en)	[apɛlʲ'sin]
mandarina (f)	mandarin (en)	[manda'rin]
piña (f)	ananas (en)	['ananas]
banana (f)	banan (en)	['banan]
dátil (m)	dadel (en)	['dadəlʲ]

limón (m)	citron (en)	[si'trʉn]
albaricoque (m)	aprikos (en)	[apri'kʉs]
melocotón (m)	persika (en)	['pɛɕika]

| kiwi (m) | kiwi (en) | ['kivi] |
| toronja (f) | grapefrukt (en) | ['grɛjpˌfrʉkt] |

baya (f)	bär (ett)	['bæ:r]
bayas (f pl)	bär (pl)	['bæ:r]
arándano (m) rojo	lingon (ett)	['liŋɔn]
fresa (f) silvestre	skogssmultron (ett)	['skʊgsˌsmulᴵtrɔ:n]
arándano (m)	blåbär (ett)	['blᴵo:ˌbæ:r]

97. Las flores. Las plantas

| flor (f) | blomma (en) | ['blᴵʊma] |
| ramo (m) de flores | bukett (en) | [bʉ'kɛt] |

rosa (f)	ros (en)	['rʊs]
tulipán (m)	tulpan (en)	[tulᴵ'pan]
clavel (m)	nejlika (en)	['nɛjlika]
gladiolo (m)	gladiolus (en)	[glᴵadi'ɔlʉ:s]

aciano (m)	blåklint (en)	['blᴵo:ˌklint]
campanilla (f)	blåklocka (en)	['blᴵo:ˌklᴵɔka]
diente (m) de león	maskros (en)	['maskrʊs]
manzanilla (f)	kamomill (en)	[kamɔ'milᴵ]

áloe (m)	aloe (en)	['alᴵʊe]
cacto (m)	kaktus (en)	['kaktus]
ficus (m)	fikus (en)	['fikus]

azucena (f)	lilja (en)	['lilja]
geranio (m)	geranium (en)	[je'ranium]
jacinto (m)	hyacint (en)	[hya'sint]

mimosa (f)	mimosa (en)	[mi'mɔ:sa]
narciso (m)	narciss (en)	[nar'sis]
capuchina (f)	blomsterkrasse (en)	['blᴵɔmstərˌkrasə]

orquídea (f)	orkidé (en)	[ɔrki'de:]
peonía (f)	pion (en)	[pi'ʊn]
violeta (f)	viol (en)	[vi'ʊlᴵ]

trinitaria (f)	styvmorsviol (en)	['styvmʊrs vi'ʊlᴵ]
nomeolvides (f)	förgätmigej (en)	[føˌrᴵæt mi 'gej]
margarita (f)	tusensköna (en)	['tʉ:sənˌɧø:na]

amapola (f)	vallmo (en)	['valᴵmʊ]
cáñamo (m)	hampa (en)	['hampa]
menta (f)	mynta (en)	['mʏnta]

| muguete (m) | liljekonvalje (en) | ['lilje kʊn 'valjə] |
| campanilla (f) de las nieves | snödropp (en) | ['snø:ˌdrop] |

ortiga (f)	nässla (en)	['nɛslʲa]
acedera (f)	syra (en)	['syra]
nenúfar (m)	näckros (en)	['nɛkrʊs]
helecho (m)	ormbunke (en)	['ʊrm‚bʊŋkə]
liquen (m)	lav (en)	['lʲav]

invernadero (m) tropical	drivhus (ett)	['driv‚hʉs]
césped (m)	gräsplan, gräsmatta (en)	['grɛs‚plan], ['grɛs‚mata]
macizo (m) de flores	blomsterrabatt (en)	['blʲɔmstər‚rabat]

planta (f)	växt (en)	['vɛkst]
hierba (f)	gräs (ett)	['grɛ:s]
hoja (f) de hierba	grässtrå (ett)	['grɛ:s‚stro:]

hoja (f)	löv (ett)	['lʲø:v]
pétalo (m)	kronblad (ett)	['krɔn‚blʲad]
tallo (m)	stjälk (en)	['ɧɛlʲk]
tubérculo (m)	rotknöl (en)	['rʊt‚knø:lʲ]

| retoño (m) | ung planta (en) | ['uŋ 'planta] |
| espina (f) | törne (ett) | ['tø:ŋə] |

florecer (vi)	att blomma	[at 'blʲʊma]
marchitarse (vr)	att vissna	[at 'visna]
olor (m)	lukt (en)	['lʊkt]
cortar (vt)	att skära av	[at 'ɧæ:ra av]
coger (una flor)	att plocka	[at 'plʲɔka]

98. Los cereales, los granos

grano (m)	korn, spannmål (ett)	['kʊ:ɳ], ['span‚mo:lʲ]
cereales (m pl) (plantas)	spannmål (ett)	['span‚mo:lʲ]
espiga (f)	ax (ett)	['aks]

trigo (m)	vete (ett)	['vetə]
centeno (m)	råg (en)	['ro:g]
avena (f)	havre (en)	['havrə]

| mijo (m) | hirs (en) | ['hyʂ] |
| cebada (f) | korn (ett) | ['kʊ:ɳ] |

maíz (m)	majs (en)	['majs]
arroz (m)	ris (ett)	['ris]
alforfón (m)	bovete (ett)	['bʊ‚vetə]

guisante (m)	ärt (en)	['æ:t]
fréjol (m)	böna (en)	['bøna]
soya (f)	soja (en)	['sɔja]
lenteja (f)	lins (en)	['lins]
habas (f pl)	bönor (pl)	['bønʊr]

T&P BOOKS

LOS PAÍSES

99. Los países. Unidad 1
100. Los países. Unidad 2
101. Los países. Unidad 3

T&P Books Publishing

Afganistán (m)	**Afghanistan**	[afˈganiˌstan]
Albania (f)	**Albanien**	[alˈʲbaniən]
Alemania (f)	**Tyskland**	[ˈtʏsklʲand]
Arabia (f) Saudita	**Saudiarabien**	[ˈsaudi aˈrabiən]
Argentina (f)	**Argentina**	[argɛnˈtina]
Armenia (f)	**Armenien**	[arˈmeniən]
Australia (f)	**Australien**	[auˈstraliən]
Austria (f)	**Österrike**	[ˈœstɛˌrikə]
Azerbaiyán (m)	**Azerbajdzjan**	[asɛrbajˈʤʲan]
Bangladesh (m)	**Bangladesh**	[banglʲaˈdɛʃ]
Bélgica (f)	**Belgien**	[ˈbɛlʲgiən]
Bielorrusia (f)	**Vitryssland**	[ˈvitˌrʏslʲand]
Bolivia (f)	**Bolivia**	[buˈlivia]
Bosnia y Herzegovina	**Bosnien-Hercegovina**	[ˈbɔsniən hɛrsəgɔˈvina]
Brasil (m)	**Brasilien**	[braˈsiliən]
Bulgaria (f)	**Bulgarien**	[bɵlʲˈgariən]
Camboya (f)	**Kambodja**	[kamˈbɔdja]
Canadá (f)	**Kanada**	[ˈkanada]
Chequia (f)	**Tjeckien**	[ˈɕɛkiən]
Chile (m)	**Chile**	[ˈɕiːlʲe]
China (f)	**Kina**	[ˈɕina]
Chipre (m)	**Cypern**	[ˈsypɛːŋ]
Colombia (f)	**Colombia**	[kɔˈlʲɵmbia]
Corea (f) del Norte	**Nordkorea**	[ˈnuːɖ kʊˈrea]
Corea (f) del Sur	**Sydkorea**	[ˈsydˌkʊˈrea]
Croacia (f)	**Kroatien**	[krʊˈatiən]
Cuba (f)	**Kuba**	[ˈkʉːba]
Dinamarca (f)	**Danmark**	[ˈdaŋmark]
Ecuador (m)	**Ecuador**	[ɛkvaˈdʊr]
Egipto (m)	**Egypten**	[eˈjyptən]
Emiratos (m pl) Árabes Unidos	**Förenade arabrepubliken**	[føˈrenadə aˈrab repubˈlikən]
Escocia (f)	**Skottland**	[ˈskɔtlʲand]
Eslovaquia (f)	**Slovakien**	[slʲɔˈvakiən]
Eslovenia (f)	**Slovenien**	[slʲɔˈveniən]
España (f)	**Spanien**	[ˈspaniən]
Estados Unidos de América	**Amerikas Förenta Stater**	[aˈmɛrikas føˈrɛnta ˈstatər]
Estonia (f)	**Estland**	[ˈɛstlʲand]
Finlandia (f)	**Finland**	[ˈfinlʲand]
Francia (f)	**Frankrike**	[ˈfraŋkrikə]

100. Los países. Unidad 2

Georgia (f)	Georgien	[je'ɔrgiən]
Ghana (f)	Ghana	['gana]
Gran Bretaña (f)	Storbritannien	['stʊr̩bri'taniən]
Grecia (f)	Grekland	['greklʲand]
Haití (m)	Haiti	[ha'iti]
Hungría (f)	Ungern	['uŋɛ:n̩]
India (f)	Indien	['indiən]
Indonesia (f)	Indonesien	[indʊ'nesiən]
Inglaterra (f)	England	['ɛŋlʲand]
Irak (m)	Irak	[i'rak]
Irán (m)	Iran	[i'ran]
Irlanda (f)	Irland	['il̩and]
Islandia (f)	Island	['islʲand]
Islas (f pl) Bahamas	Bahamas	[ba'hamas]
Israel (m)	Israel	['israəlʲ]
Italia (f)	Italien	[i'taliən]
Jamaica (f)	Jamaica	[ja'majka]
Japón (m)	Japan	['japan]
Jordania (f)	Jordanien	[jʊ:'ɖaniən]
Kazajstán (m)	Kazakstan	[ka'sak͵stan]
Kenia (f)	Kenya	['kenja]
Kirguizistán (m)	Kirgizistan	[kir'gisi͵stan]
Kuwait (m)	Kuwait	[kʉ'vajt]
Laos (m)	Laos	['lʲaɔs]
Letonia (f)	Lettland	['lʲetlʲand]
Líbano (m)	Libanon	['libanɔn]
Libia (f)	Libyen	['libiən]
Liechtenstein (m)	Liechtenstein	['lihtənstajn]
Lituania (f)	Litauen	[li'tauən]
Luxemburgo (m)	Luxemburg	['lʉksəm͵burj]
Macedonia	Makedonien	[make'dʊniən]
Madagascar (m)	Madagaskar	[mada'gaskar]
Malasia (f)	Malaysia	[ma'lʲajsia]
Malta (f)	Malta	['malʲta]
Marruecos (m)	Marocko	[ma'rɔkʉ]
Méjico (m)	Mexiko	['mɛksikɔ]
Moldavia (f)	Moldavien	[mʊlʲ'daviən]
Mónaco (m)	Monaco	['mɔnakɔ]
Mongolia (f)	Mongoliet	[mʊngʊ'liet]
Montenegro (m)	Montenegro	['mɔntə͵nɛgrʊ]
Myanmar (m)	Myanmar	['mjanmar]

101. Los países. Unidad 3

Namibia (f)	Namibia	[na'mibia]
Nepal (m)	Nepal	[ne'palʲ]
Noruega (f)	Norge	['nɔrjə]
Nueva Zelanda (f)	Nya Zeeland	['nya 'se:lʲand]

Países Bajos (m pl)	Nederländerna	['nedɛːˌlʲɛndɛːŋa]
Pakistán (m)	Pakistan	['pakiˌstan]
Palestina (f)	Palestina	[palʲe'stina]
Panamá (f)	Panama	['panama]
Paraguay (m)	Paraguay	[parag'waj]
Perú (m)	Peru	[pɛ'rʉ]
Polinesia (f) Francesa	Franska Polynesien	['franska polʲy'nesiən]
Polonia (f)	Polen	['polʲen]
Portugal (m)	Portugal	['pɔːtugalʲ]

República (f) Dominicana	Dominikanska republiken	[dɔmini'kanska repu'blikən]
República (f) Sudafricana	Republiken Sydafrika	[repu'blikən 'sydˌafrika]
Rumania (f)	Rumänien	[rʉ'mɛːniən]
Rusia (f)	Ryssland	['rʏslʲand]

Senegal (m)	Senegal	[sene'galʲ]
Serbia (f)	Serbien	['sɛrbiən]
Siria (f)	Syrien	['syriən]
Suecia (f)	Sverige	['svɛrijə]
Suiza (f)	Schweiz	['ʃvɛjts]
Surinam (m)	Surinam	['sʉriˌnam]

Tayikistán (m)	Tadzjikistan	[ta'dʒikiˌstan]
Tailandia (f)	Thailand	['tajlʲand]
Taiwán (m)	Taiwan	[taj'van]
Tanzania (f)	Tanzania	[tansa'nija]
Tasmania (f)	Tasmanien	[tas'maniən]
Túnez (m)	Tunisien	[tʉ'nisiən]
Turkmenistán (m)	Turkmenistan	[turk'meniˌstan]
Turquía (f)	Turkiet	[turkiet]

Ucrania (f)	Ukraina	[u'krajna]
Uruguay (m)	Uruguay	[ʉrug'waj]
Uzbekistán (m)	Uzbekistan	[us'bekiˌstan]
Vaticano (m)	Vatikanstaten	[vati'kanˌstatən]
Venezuela (f)	Venezuela	[venesu'ɛlʲa]
Vietnam (m)	Vietnam	['vjɛtnam]
Zanzíbar (m)	Zanzibar	['sansibar]

GLOSARIO GASTRONÓMICO

Esta sección contiene una gran cantidad de palabras y términos asociados con la comida. Este diccionario le hará más fácil la comprensión del menú de un restaurante y la elección del plato adecuado

T&P Books Publishing

Español-Sueco glosario gastronómico

¡Que aproveche!	**Smaklig måltid!**	['smaklig 'moːlʲtid]
abrebotellas (m)	**flasköppnare (en)**	['flʲaskˌøpnarə]
abrelatas (m)	**burköppnare (en)**	['burkˌøpnarə]
aceite (m) de girasol	**solrosolja (en)**	['sulʲrʊsˌɔlja]
aceite (m) de oliva	**olivolja (en)**	[ʊ'livˌɔlja]
aceite (m) vegetal	**vegetabilisk olja (en)**	[vegeta'bilisk 'ɔlja]
agua (f)	**vatten (ett)**	['vatən]
agua (f) mineral	**mineralvatten (ett)**	[mine'ralʲˌvatən]
agua (f) potable	**dricksvatten (ett)**	['driksˌvatən]
aguacate (m)	**avokado (en)**	[avɔ'kadʊ]
ahumado (adj)	**rökt**	['rœkt]
ajo (m)	**vitlök (en)**	['vitˌlʲøːk]
albahaca (f)	**basilika (en)**	[ba'silika]
albaricoque (m)	**aprikos (en)**	[apri'kʊs]
alcachofa (f)	**kronärtskocka (en)**	['krʊnæːtˌskɔka]
alforfón (m)	**bovete (ett)**	['bʊˌvetə]
almendra (f)	**mandel (en)**	['mandəlʲ]
almuerzo (m)	**lunch (en)**	['lʉnɕ]
amargo (adj)	**bitter**	['bitər]
anís (m)	**anis (en)**	['anis]
anguila (f)	**ål (en)**	['oːlʲ]
aperitivo (m)	**aperitif (en)**	[aperi'tif]
apetito (m)	**aptit (en)**	['aptit]
apio (m)	**selleri (en)**	['sɛlʲeri]
arándano (m)	**blåbär (ett)**	['blʲoːˌbæːr]
arándano (m) agrio	**tranbär (ett)**	['tranˌbæːr]
arándano (m) rojo	**lingon (ett)**	['liŋɔn]
arenque (m)	**sill (en)**	['silʲ]
arroz (m)	**ris (ett)**	['ris]
atún (m)	**tonfisk (en)**	['tʊnˌfisk]
avellana (f)	**hasselnöt (en)**	['hasəlʲˌnøːt]
avena (f)	**havre (en)**	['havrə]
azúcar (m)	**socker (ett)**	['sɔkər]
azafrán (m)	**saffran (en)**	['safran]
azucarado, dulce (adj)	**söt**	['søːt]
bacalao (m)	**torsk (en)**	['tɔːʂk]
banana (f)	**banan (en)**	['banan]
bar (m)	**bar (en)**	['bar]
barman (m)	**bartender (en)**	['baːˌtɛndər]
batido (m)	**milkshake (en)**	['milʲkʃɛjk]
baya (f)	**bär (ett)**	['bæːr]
bayas (f pl)	**bär (pl)**	['bæːr]
bebida (f) sin alcohol	**alkoholfri dryck (en)**	[alʲkʊ'hɔlʲfri 'drʏk]
bebidas (f pl) alcohólicas	**alkoholhaltiga drycker (pl)**	[alʲkʊ'hɔlʲˌhalʲtiga 'drʏkər]

beicon (m)	bacon (ett)	['bɛjkɔn]
berenjena (f)	aubergine (en)	[ɔbɛr'ʒin]
bistec (m)	biffstek (en)	['bif,stɛk]
bocadillo (m)	smörgås (en)	['smœr,go:s]
boleto (m) áspero	björksopp (en)	['bjœrk,sɔp]
boleto (m) castaño	aspsopp (en)	['asp,sɔp]
brócoli (m)	broccoli (en)	['brɔkɔli]
brema (f)	brax (en)	['braks]
cóctel (m)	cocktail (en)	['kɔktɛjlʲ]
caballa (f)	makrill (en)	['makrilʲ]
cacahuete (m)	jordnöt (en)	['jʊ:dˌnø:t]
café (m)	kaffe (ett)	['kafə]
café (m) con leche	kaffe med mjölk (ett)	['kafə me mjœlʲk]
café (m) solo	svart kaffe (ett)	['sva:t̪ 'kafə]
café (m) soluble	snabbkaffe (ett)	['snab,kafə]
calabacín (m)	squash, zucchini (en)	['skvɔ:ɕ], [su'kini]
calabaza (f)	pumpa (en)	['pumpa]
calamar (m)	bläckfisk (en)	['blʲɛk,fisk]
caldo (m)	buljong (en)	[bu'ljɔŋ]
caliente (adj)	het, varm	['het], ['varm]
caloría (f)	kalori (en)	[kalʲo'ri:]
camarón (m)	räka (en)	['rɛ:ka]
camarera (f)	servitris (en)	[sɛrvi'tris]
camarero (m)	servitör (en)	[sɛrvi'tø:r]
canela (f)	kanel (en)	[ka'nelʲ]
cangrejo (m) de mar	krabba (en)	['kraba]
capuchino (m)	cappuccino (en)	['kaputʃinʊ]
caramelo (m)	konfekt, karamell (en)	[kɔn'fɛkt], [kara'mɛlʲ]
carbohidratos (m pl)	kolhydrater (pl)	['kɔlʲhʏˌdratər]
carne (f)	kött (ett)	['ɕœt]
carne (f) de carnero	lammkött (ett)	['lʲam,ɕœt]
carne (f) de cerdo	fläsk (ett)	['flʲɛsk]
carne (f) de ternera	kalvkött (en)	['kalʲv,ɕœt]
carne (f) de vaca	oxkött, nötkött (ett)	['ʊks,ɕœt], ['nø:t,ɕœt]
carne (f) picada	köttfärs (en)	['ɕœt,fæ:ʂ]
carpa (f)	karp (en)	['karp]
carta (f) de vinos	vinlista (en)	['vin,lista]
carta (f), menú (m)	meny (en)	[me'ny]
caviar (m)	kaviar (en)	['kav,jar]
caza (f) menor	vilt (ett)	['vilʲt]
cebada (f)	korn (ett)	['kʊ:ɳ]
cebolla (f)	lök (en)	['lʲø:k]
cena (f)	kvällsmat (en)	['kvɛlʲs,mat]
centeno (m)	råg (en)	['ro:g]
cereales (m pl)	spannmål (ett)	['span,mo:lʲ]
cereales (m pl) integrales	gryn (en)	['gryn]
cereza (f)	fågelbär (ett)	['fo:gəlʲ,bæ:r]
cerveza (f)	öl (ett)	['ø:lʲ]
cerveza (f) negra	mörkt öl (ett)	['mœ:rkt ,ø:lʲ]
cerveza (f) rubia	ljust öl (ett)	['jɤ:st,ø:lʲ]
champaña (f)	champagne (en)	[ɦam'panʲ]
chicle (m)	tuggummi (ett)	['tug,gumi]

chocolate (m)	choklad (en)	[ʃɔk'lʲad]
cilantro (m)	koriander (en)	[kɔri'andər]
ciruela (f)	plommon (ett)	['plʲʊmɔn]
clara (f)	äggvita (en)	['ɛg‚viːta]
clavo (m)	nejlika (en)	['nɛjlika]
coñac (m)	konjak (en)	['kɔnʲak]
cocido en agua (adj)	kokt	['kʊkt]
cocina (f)	kök (ett)	['ɕøːk]
col (f)	kål (en)	['koːlʲ]
col (f) de Bruselas	brysselkål (en)	['brʏsɛlʲ‚koːlʲ]
coliflor (f)	blomkål (en)	['blʲʊm‚koːlʲ]
colmenilla (f)	murkla (en)	['mʉːrklʲa]
comida (f)	mat (en)	['mat]
comino (m)	kummin (en)	['kumin]
con gas	kolsyrat	['kɔlʲ‚syrat]
con hielo	med is	[me 'is]
condimento (m)	krydda (en)	['krʏda]
conejo (m)	kanin (en)	[ka'nin]
confitura (f)	sylt, marmelad (en)	['sylʲt], [marme'lʲad]
confitura (f)	sylt (en)	['sylʲt]
congelado (adj)	fryst	['frʏst]
conservas (f pl)	konserv (en)	[kɔn'sɛrv]
copa (f) de vino	vinglas (ett)	['vin‚glʲas]
copos (m pl) de maíz	cornflakes (pl)	['koːn‚flɛjks]
crema (f) de mantequilla	kräm (en)	['krɛm]
crustáceos (m pl)	kräftdjur (pl)	['krɛftˌjuːr]
cuchara (f)	sked (en)	['ɧed]
cuchara (f) de sopa	matsked (en)	['mat‚ɧed]
cucharilla (f)	tesked (en)	['te‚ɧed]
cuchillo (m)	kniv (en)	['kniv]
cuenta (f)	nota (en)	['nʊta]
dátil (m)	dadel (en)	['dadəlʲ]
de chocolate (adj)	choklad-	[ʃɔk'lʲad-]
desayuno (m)	frukost (en)	['fruːkɔst]
dieta (f)	diet (en)	[di'et]
eneldo (m)	dill (en)	['dilʲ]
ensalada (f)	sallad (en)	['salʲad]
entremés (m)	förrätt (en)	['fœːræt]
espárrago (m)	sparris (en)	['sparis]
espagueti (m)	spagetti	[spa'gɛti]
especia (f)	krydda (en)	['krʏda]
espiga (f)	ax (ett)	['aks]
espinaca (f)	spenat (en)	[spe'nat]
esturión (m)	stör (en)	['støːr]
fletán (m)	hälleflundra (en)	['hɛlʲe‚flʉndra]
fréjol (m)	böna (en)	['bøna]
frío (adj)	kall	['kalʲ]
frambuesa (f)	hallon (ett)	['halʲɔn]
fresa (f)	jordgubbe (en)	['jʊːdˌgubə]
fresa (f) silvestre	skogssmultron (ett)	['skʊgs‚smulʲ'trɔːn]
frito (adj)	stekt	['stɛkt]
fruto (m)	frukt (en)	['frukt]

frutos (m pl)	frukter (pl)	['frʉktər]
gachas (f pl)	gröt (en)	['grø:t]
galletas (f pl)	småkakor (pl)	['smo:kakʉr]
gallina (f)	höna (en)	['hø:na]
ganso (m)	gås (en)	['go:s]
gaseoso (adj)	kolsyrat	['kɔlʲˌsyrat]
ginebra (f)	gin (ett)	['dʒin]
gofre (m)	våffle (en)	['vɔflʲe]
granada (f)	granatäpple (en)	[gra'natˌɛplʲe]
grano (m)	korn, spannmål (ett)	['kʉːn], ['spanˌmo:lʲ]
grasas (f pl)	fett (ett)	['fɛt]
grosella (f) espinosa	krusbär (ett)	['krʉːsˌbæ:r]
grosella (f) negra	svarta vinbär (ett)	['sva:ʈa 'vinbæ:r]
grosella (f) roja	röda vinbär (ett)	['rø:da 'vinbæ:r]
guarnición (f)	tillbehör (ett)	['tilʲbeˌhør]
guinda (f)	körsbär (ett)	['ɕøːʂˌbæ:r]
guisante (m)	ärter (pl)	['æːʈər]
hígado (m)	lever (en)	['lʲevər]
habas (f pl)	bönor (pl)	['bønʉr]
hamburguesa (f)	hamburgare (en)	['hamburgarə]
harina (f)	mjöl (ett)	['mjø:lʲ]
helado (m)	glass (en)	['glʲas]
hielo (m)	is (en)	['is]
higo (m)	fikon (ett)	['fikɔn]
hoja (f) de laurel	lagerblad (ett)	['lʲagərˌblʲad]
huevo (m)	ägg (ett)	['ɛg]
huevos (m pl)	ägg (pl)	['ɛg]
huevos (m pl) fritos	stekt ägg (en)	['stɛkt ˌɛg]
jamón (m)	skinka (en)	['ɧiŋka]
jamón (m) fresco	skinka (en)	['ɧiŋka]
jengibre (m)	ingefära (en)	['iŋəˌfæːra]
jugo (m) de tomate	tomatjuice (en)	[tʉ'matˌju:s]
kiwi (m)	kiwi (en)	['kivi]
langosta (f)	languster (en)	[lʲan'gustər]
leche (f)	mjölk (en)	['mjœlʲk]
leche (f) condensada	kondenserad mjölk (en)	[kɔndɛn'serad ˌmjœlʲk]
lechuga (f)	sallad (en)	['salʲad]
legumbres (f pl)	grönsaker (pl)	['grø:nˌsakər]
lengua (f)	tunga (en)	['tuŋa]
lenguado (m)	rödspätta (en)	['rø:dˌspæta]
lenteja (f)	lins (en)	['lins]
licor (m)	likör (en)	[li'kø:r]
limón (m)	citron (en)	[si'trʉn]
limonada (f)	lemonad (en)	[lʲemɔ'nad]
loncha (f)	skiva (en)	['ɧiva]
lucio (m)	gädda (en)	['jɛda]
lucioperca (f)	gös (en)	['jø:s]
maíz (m)	majs (en)	['majs]
maíz (m)	majs (en)	['majs]
macarrones (m pl)	pasta (en), makaroner (pl)	['pasta], [maka'rʉnər]
mandarina (f)	mandarin (en)	[manda'rin]

mango (m)	**mango (en)**	['maŋgʊ]
mantequilla (f)	**smör (ett)**	['smœ:r]
manzana (f)	**äpple (ett)**	['ɛplʲe]
margarina (f)	**margarin (ett)**	[marga'rin]
marinado (adj)	**sylt-**	['sylʲt-]
mariscos (m pl)	**fisk och skaldjur**	['fisk ɔ 'skalʲjʉ:r]
matamoscas (m)	**flugsvamp (en)**	['flʉ:g,svamp]
mayonesa (f)	**majonnäs (en)**	[majo'nɛs]
melón (m)	**melon (en)**	[me'lʲʊn]
melocotón (m)	**persika (en)**	['pɛʂika]
mermelada (f)	**marmelad (en)**	[marme'lʲad]
miel (f)	**honung (en)**	['hɔnuŋ]
miga (f)	**smula (en)**	['smʉlʲa]
mijo (m)	**hirs (en)**	['hyʂ]
mini tarta (f)	**kaka, bakelse (en)**	['kaka], ['bakəlʲsə]
mondadientes (m)	**tandpetare (en)**	['tand,petarə]
mostaza (f)	**senap (en)**	['se:nap]
nabo (m)	**rova (en)**	['rʊva]
naranja (f)	**apelsin (en)**	[apɛlʲ'sin]
nata (f) agria	**gräddfil,**	['grɛdfilʲ],
	syrad grädden (en)	[syrad 'gredən]
nata (f) líquida	**grädde (en)**	['grɛdə]
nuez (f)	**valnöt (en)**	['valʲ,nø:t]
nuez (f) de coco	**kokosnöt (en)**	['kʊkʊs,nø:t]
olivas, aceitunas (f pl)	**oliver (pl)**	[ʊ:'livər]
oronja (f) verde	**lömsk flugsvamp (en)**	['lʲømsk 'flʉ:g,svamp]
ostra (f)	**ostron (ett)**	['ʊstrʊn]
pan (m)	**bröd (ett)**	['brø:d]
papaya (f)	**papaya (en)**	[pa'paja]
paprika (f)	**paprika (en)**	['paprika]
pasas (f pl)	**russin (ett)**	['rusin]
pasteles (m pl)	**konditorivaror (pl)**	[kɔnditʊ'ri:,varʊr]
paté (m)	**paté (en)**	[pa'te]
patata (f)	**potatis (en)**	[pʊ'tatis]
pato (m)	**anka (en)**	['aŋka]
pava (f)	**kalkon (en)**	[kalʲ'kʊn]
pedazo (m)	**bit (en)**	['bit]
pepino (m)	**gurka (en)**	['gurka]
pera (f)	**päron (ett)**	['pæ:rɔn]
perca (f)	**ábborre (en)**	['abɔrə]
perejil (m)	**persilja (en)**	[pɛ'ʂilja]
pescado (m)	**fisk (en)**	['fisk]
piña (f)	**ananas (en)**	['ananas]
piel (f)	**skal (ett)**	['skalʲ]
pimienta (f) negra	**svartpeppar (en)**	['sva:ʈ,pɛpar]
pimienta (f) roja	**rödpeppar (en)**	['rø:d,pɛpar]
pimiento (m) dulce	**peppar (en)**	['pɛpar]
pistachos (m pl)	**pistaschnötter (pl)**	['pistaʃ,nœtər]
pizza (f)	**pizza (en)**	['pitsa]
platillo (m)	**tefat (ett)**	['te,fat]
plato (m)	**rätt (en)**	['rɛt]
plato (m)	**tallrik (en)**	['talʲrik]

pomelo (m)	grapefrukt (en)	['grɛjpˌfrʉkt]
porción (f)	portion (en)	[pɔːˈtʃʉn]
postre (m)	dessert (en)	[dɛˈsɛːr]
propina (f)	dricks (en)	['driks]
proteínas (f pl)	proteiner (pl)	[proteˈiːnər]
pudin (m)	pudding (en)	['pudiŋ]
puré (m) de patatas	potatismos (ett)	[pʊˈtatisˌmʊs]
queso (m)	ost (en)	['ʊst]
rábano (m)	rädisa (en)	['rɛːdisa]
rábano (m) picante	pepparrot (en)	['pɛpaˌrʊt]
rúsula (f)	kremla (en)	['krɛmlʲa]
rebozuelo (m)	kantarell (en)	[kantaˈrɛlʲ]
receta (f)	recept (ett)	[reˈsɛpt]
refresco (m)	läskedryck (en)	['lɛskeˌdrik]
regusto (m)	bismak (en)	['bismak]
relleno (m)	fyllning (en)	['fylʲniŋ]
remolacha (f)	rödbeta (en)	['røːdˌbeta]
ron (m)	rom (en)	['rɔm]
sésamo (m)	sesam (en)	['sesam]
sabor (m)	smak (en)	['smak]
sabroso (adj)	läcker	['lʲɛkər]
sacacorchos (m)	korkskruv (en)	['kɔrkˌskrʉːv]
sal (f)	salt (ett)	['salʲt]
salado (adj)	salt	['salʲt]
salchichón (m)	korv (en)	['kɔrv]
salchicha (f)	wienerkorv (en)	['viŋɛrˌkɔrv]
salmón (m)	lax (en)	['lʲaks]
salmón (m) del Atlántico	atlanterhavslax (en)	[atˈlʲantərhavˌlʲaks]
salsa (f)	sås (en)	['soːs]
sandía (f)	vattenmelon (en)	['vatənˌmeˈlʲʉn]
sardina (f)	sardin (en)	[saːˈdʲiːn]
seco (adj)	torkad	['tɔrkad]
seta (f)	svamp (en)	['svamp]
seta (f) comestible	matsvamp (en)	['matˌsvamp]
seta (f) venenosa	giftig svamp (en)	['jiftig ˌsvamp]
seta calabaza (f)	stensopp (en)	['stenˌsɔp]
siluro (m)	mal (en)	['malʲ]
sin alcohol	alkoholfri	[alʲkʊˈhɔlʲˌfriː]
sin gas	icke kolsyrat	['ikə 'kɔlʲˌsyrat]
sopa (f)	soppa (en)	['sɔpa]
soya (f)	soja (en)	['sɔja]
té (m)	te (ett)	['teː]
té (m) negro	svart te (ett)	['svaːt ˌteː]
té (m) verde	grönt te (ett)	['grœnt teː]
tallarines (m pl)	nudlar (pl)	['nʉːdlʲar]
tarta (f)	tårta (en)	['toːta]
tarta (f)	paj (en)	['paj]
taza (f)	kopp (en)	['kɔp]
tenedor (m)	gaffel (en)	['gafəlʲ]
tiburón (m)	haj (en)	['haj]
tomate (m)	tomat (en)	[tʊˈmat]
tortilla (f) francesa	omelett (en)	[ɔməˈlʲet]

trigo (m)	vete (ett)	['vetə]
trucha (f)	öring (en)	['ø:riŋ]
uva (f)	druva (en)	['drʉ:va]
vaso (m)	glas (ett)	['glʲas]
vegetariano (adj)	vegetarisk	[vege'tarisk]
vegetariano (m)	vegetarian (en)	[vegetiri'an]
verduras (f pl)	grönsaker (pl)	['grø:n‚sakər]
vermú (m)	vermouth (en)	['vɛrmut]
vinagre (m)	ättika (en)	['ætika]
vino (m)	vin (ett)	['vin]
vino (m) blanco	vitvin (ett)	['vit‚vin]
vino (m) tinto	rödvin (ett)	['rø:d‚vin]
vitamina (f)	vitamin (ett)	[vita'min]
vodka (m)	vodka (en)	['vodka]
whisky (m)	whisky (en)	['viski]
yema (f)	äggula (en)	['ɛg‚ʉ:lʲa]
yogur (m)	yoghurt (en)	['jo:gʉ:t]
zanahoria (f)	morot (en)	['mʊ‚rʊt]
zarzamoras (f pl)	björnbär (ett)	['bjø:n‚bæ:r]
zumo (m) de naranja	apelsinjuice (en)	[apɛlʲ'sin‚ju:s]
zumo (m) fresco	nypressad juice (en)	['nʏ‚prɛsad 'ju:s]
zumo (m), jugo (m)	juice (en)	['ju:s]

Sueco-Español glosario gastronómico

ábborre (en)	['abɔrə]	perca (f)
ägg (ett)	['ɛg]	huevo (m)
ägg (pl)	['ɛg]	huevos (m pl)
äggula (en)	['ɛgˌʉːlʲa]	yema (f)
äggvita (en)	['ɛgˌviːta]	clara (f)
äpple (ett)	['ɛplʲe]	manzana (f)
ärter (pl)	['æːʈər]	guisante (m)
ättika (en)	['ætika]	vinagre (m)
ål (en)	['oːlʲ]	anguila (f)
öl (ett)	['øːlʲ]	cerveza (f)
öring (en)	['øːriŋ]	trucha (f)
alkoholfri	[alʲkʊ'hɔlʲˌfriː]	sin alcohol
alkoholfri dryck (en)	[alʲkʊ'hɔlʲfri 'drʏk]	bebida (f) sin alcohol
alkoholhaltiga drycker (pl)	[alʲkʊ'hɔlʲˌhalʲtiga 'drʏkər]	bebidas (f pl) alcohólicas
ananas (en)	['ananas]	piña (f)
anis (en)	['anis]	anís (m)
anka (en)	['aŋka]	pato (m)
apelsin (en)	[apɛlʲ'sin]	naranja (f)
apelsinjuice (en)	[apɛlʲ'sinˌjuːs]	zumo (m) de naranja
aperitif (en)	[aperi'tif]	aperitivo (m)
aprikos (en)	[apri'kʊs]	albaricoque (m)
aptit (en)	['aptit]	apetito (m)
aspsopp (en)	['aspˌsɔp]	boleto (m) castaño
atlanterhavslax (en)	[at'lantərhavˌlʲaks]	salmón (m) del Atlántico
aubergine (en)	[ɔbɛr'ʒin]	berenjena (f)
avokado (en)	[avɔ'kadʊ]	aguacate (m)
ax (ett)	['aks]	espiga (f)
bär (ett)	['bæːr]	baya (f)
bär (pl)	['bæːr]	bayas (f pl)
böna (en)	['bøna]	fréjol (m)
bönor (pl)	['bønʊr]	habas (f pl)
bacon (ett)	['bɛjkɔn]	beicon (m)
banan (en)	['banan]	banana (f)
bar (en)	['bar]	bar (m)
bartender (en)	['baːˌʈɛndər]	barman (m)
basilika (en)	[ba'silika]	albahaca (f)
biffstek (en)	['bifˌstɛk]	bistec (m)
bismak (en)	['bismak]	regusto (m)
bit (en)	['bit]	pedazo (m)
bitter	['bitər]	amargo (adj)
björksopp (en)	['bjœrkˌsɔp]	boleto (m) áspero
björnbär (ett)	['bjøːɳˌbæːr]	zarzamoras (f pl)
bläckfisk (en)	['blʲɛkˌfisk]	calamar (m)

blåbär (ett)	['blʲoːˌbæːr]	arándano (m)
blomkål (en)	['blʲʊmˌkoːlʲ]	coliflor (f)
bovete (ett)	['bʊˌvetə]	alforfón (m)
bröd (ett)	['brøːd]	pan (m)
brax (en)	['braks]	brema (f)
broccoli (en)	['brɔkɔli]	brócoli (m)
brysselkål (en)	['brʏsɛlʲˌkoːlʲ]	col (f) de Bruselas
buljong (en)	[buˈljɔŋ]	caldo (m)
burköppnare (en)	['burkˌøpnarə]	abrelatas (m)
cappuccino (en)	['kaputʃinʊ]	capuchino (m)
champagne (en)	[ɦamˈpanʲ]	champaña (f)
choklad (en)	[ʃɔkˈlʲad]	chocolate (m)
choklad-	[ʃɔkˈlʲad-]	de chocolate (adj)
citron (en)	[siˈtrʊn]	limón (m)
cocktail (en)	['kɔktɛjlʲ]	cóctel (m)
cornflakes (pl)	['koːɳˌflɛjks]	copos (m pl) de maíz
dadel (en)	['dadəlʲ]	dátil (m)
dessert (en)	[dɛˈsɛːr]	postre (m)
diet (en)	[diˈet]	dieta (f)
dill (en)	['dilʲ]	eneldo (m)
dricks (en)	['driks]	propina (f)
dricksvatten (ett)	['driksˌvatən]	agua (f) potable
druva (en)	['drʉːva]	uva (f)
fågelbär (ett)	['foːɡəlʲˌbæːr]	cereza (f)
förrätt (en)	['fœːræt]	entremés (m)
fett (ett)	['fɛt]	grasas (f pl)
fikon (ett)	['fikɔn]	higo (m)
fisk (en)	['fisk]	pescado (m)
fisk och skaldjur	['fisk ɔ 'skalʲˌjʉːr]	mariscos (m pl)
fläsk (ett)	['flʲɛsk]	carne (f) de cerdo
flasköppnare (en)	['flʲaskˌøpnarə]	abrebotellas (m)
flugsvamp (en)	['flʉːgˌsvamp]	matamoscas (m)
frukost (en)	['frʉːkɔst]	desayuno (m)
frukt (en)	['frʉkt]	fruto (m)
frukter (pl)	['frʉktər]	frutos (m pl)
fryst	['frʏst]	congelado (adj)
fyllning (en)	['fylʲnin]	relleno (m)
gädda (en)	['jɛda]	lucio (m)
gås (en)	['goːs]	ganso (m)
gös (en)	['jøːs]	lucioperca (f)
gaffel (en)	['ɡafəlʲ]	tenedor (m)
giftig svamp (en)	['jiftig ˌsvamp]	seta (f) venenosa
gin (ett)	['dʒin]	ginebra (f)
glas (ett)	['ɡlʲas]	vaso (m)
glass (en)	['ɡlʲas]	helado (m)
grädde (en)	['ɡrɛdə]	nata (f) líquida
gräddfil,	['ɡrɛdfilʲ],	nata (f) agria
syrad grädden (en)	[syrad 'ɡredən]	
grönsaker (pl)	['ɡrøːnˌsakər]	legumbres (f pl)
grönsaker (pl)	['ɡrøːnˌsakər]	verduras (f pl)
grönt te (ett)	['ɡrœnt teː]	té (m) verde
gröt (en)	['ɡrøːt]	gachas (f pl)

granatäpple (en)	[gra'nat,ɛpⁱe]	granada (f)
grapefrukt (en)	['grɛjp,frʉkt]	pomelo (m)
gryn (en)	['gryn]	cereales (m pl) integrales
gurka (en)	['gurka]	pepino (m)
hälleflundra (en)	['hɛlⁱe,flʉndra]	fletán (m)
höna (en)	['hø:na]	gallina (f)
haj (en)	['haj]	tiburón (m)
hallon (ett)	['halⁱɔn]	frambuesa (f)
hamburgare (en)	['hamburgarə]	hamburguesa (f)
hasselnöt (en)	['hasəlⁱ,nø:t]	avellana (f)
havre (en)	['havrə]	avena (f)
het, varm	['het], ['varm]	caliente (adj)
hirs (en)	['hyʂ]	mijo (m)
honung (en)	['hɔnuŋ]	miel (f)
icke kolsyrat	['ikə 'kɔlⁱ,syrat]	sin gas
ingefära (en)	['iŋə,fæ:ra]	jengibre (m)
is (en)	['is]	hielo (m)
jordgubbe (en)	['jʉ:d,gubə]	fresa (f)
jordnöt (en)	['jʉ:d,nø:t]	cacahuete (m)
juice (en)	['ju:s]	zumo (m), jugo (m)
kål (en)	['ko:lⁱ]	col (f)
kök (ett)	['ɕø:k]	cocina (f)
körsbär (ett)	['ɕø:ʂ,bæ:r]	guinda (f)
kött (ett)	['ɕœt]	carne (f)
köttfärs (en)	['ɕœt,fæ:ʂ]	carne (f) picada
kaffe (ett)	['kafə]	café (m)
kaffe med mjölk (ett)	['kafə me mjœlⁱk]	café (m) con leche
kaka, bakelse (en)	['kaka], ['bakəlⁱsə]	mini tarta (f)
kalkon (en)	[kalⁱ'kʉn]	pava (f)
kall	['kalⁱ]	frío (adj)
kalori (en)	[kalⁱɔ'ri:]	caloría (f)
kalvkött (en)	['kalⁱv,ɕœt]	carne (f) de ternera
kanel (en)	[ka'nelⁱ]	canela (f)
kanin (en)	[ka'nin]	conejo (m)
kantarell (en)	[kanta'rɛlⁱ]	rebozuelo (m)
karp (en)	['karp]	carpa (f)
kaviar (en)	['kavjar]	caviar (m)
kiwi (en)	['kivi]	kiwi (m)
kniv (en)	['kniv]	cuchillo (m)
kokosnöt (en)	['kukʉs,nø:t]	nuez (f) de coco
kokt	['kukt]	cocido en agua (adj)
kolhydrater (pl)	['kɔlⁱhy,dratər]	carbohidratos (m pl)
kolsyrat	['kɔlⁱ,syrat]	gaseoso (adj)
kolsyrat	['kɔlⁱ,syrat]	con gas
kondenserad mjölk (en)	[kɔndɛn'serad ,mjœlⁱk]	leche (f) condensada
konditorivaror (pl)	[kɔnditʉ'ri:,varʉr]	pasteles (m pl)
konfekt, karamell (en)	[kɔn'fɛkt], [kara'mɛlⁱ]	caramelo (m)
konjak (en)	['kɔnⁱak]	coñac (m)
konserv (en)	[kɔn'sɛrv]	conservas (f pl)
kopp (en)	['kop]	taza (f)
koriander (en)	[kɔri'andər]	cilantro (m)
korkskruv (en)	['kɔrk,skrʉ:v]	sacacorchos (m)

korn (ett)	['kʊːŋ]	cebada (f)
korn, spannmål (ett)	['kʊːŋ], ['spanˌmoːlʲ]	grano (m)
korv (en)	['kɔrv]	salchichón (m)
kräftdjur (pl)	['krɛftˌjuːr]	crustáceos (m pl)
kräm (en)	['krɛm]	crema (f) de mantequilla
krabba (en)	['kraba]	cangrejo (m) de mar
kremla (en)	['krɛmlʲa]	rúsula (f)
kronärtskocka (en)	['krʊnæːtˌskɔka]	alcachofa (f)
krusbär (ett)	['krʉːsˌbæːr]	grosella (f) espinosa
krydda (en)	['kryda]	condimento (m)
krydda (en)	['kryda]	especia (f)
kummin (en)	['kumin]	comino (m)
kvällsmat (en)	['kvɛlʲsˌmat]	cena (f)
läcker	['lʲɛkər]	sabroso (adj)
läskedryck (en)	['lɛskeˌdrik]	refresco (m)
lök (en)	['lʲøːk]	cebolla (f)
lömsk flugsvamp (en)	['lʲømsk 'flʉːgˌsvamp]	oronja (f) verde
lagerblad (ett)	['lʲagərˌblʲad]	hoja (f) de laurel
lammkött (ett)	['lʲamˌɕœt]	carne (f) de carnero
languster (en)	[lʲaŋ'gustər]	langosta (f)
lax (en)	['lʲaks]	salmón (m)
lemonad (en)	[lʲemɔ'nad]	limonada (f)
lever (en)	['lʲevər]	hígado (m)
likör (en)	[li'køːr]	licor (m)
lingon (ett)	['liŋɔn]	arándano (m) rojo
lins (en)	['lins]	lenteja (f)
ljust öl (ett)	['jʉːstˌøːlʲ]	cerveza (f) rubia
lunch (en)	['lʲʉnɕ]	almuerzo (m)
mörkt öl (ett)	['mœːrkt ˌøːlʲ]	cerveza (f) negra
majonnäs (en)	[majɔ'nɛs]	mayonesa (f)
majs (en)	['majs]	maíz (m)
majs (en)	['majs]	maíz (m)
makrill (en)	['makrilʲ]	caballa (f)
mal (en)	['malʲ]	siluro (m)
mandarin (en)	[manda'rin]	mandarina (f)
mandel (en)	['mandəlʲ]	almendra (f)
mango (en)	['maŋgʊ]	mango (m)
margarin (ett)	[marga'rin]	margarina (f)
marmelad (en)	[marme'lʲad]	mermelada (f)
mat (en)	['mat]	comida (f)
matsked (en)	['matˌʃed]	cuchara (f) de sopa
matsvamp (en)	['matˌsvamp]	seta (f) comestible
med is	[me 'is]	con hielo
melon (en)	[me'lʲʊn]	melón (m)
meny (en)	[me'ny]	carta (f), menú (m)
milkshake (en)	['milʲkˌʃejk]	batido (m)
mineralvatten (ett)	[mine'ralʲˌvatən]	agua (f) mineral
mjöl (ett)	['mjøːlʲ]	harina (f)
mjölk (en)	['mjœlʲk]	leche (f)
morot (en)	['mʊˌrʊt]	zanahoria (f)
murkla (en)	['mʉːrklʲa]	colmenilla (f)
nejlika (en)	['nɛjlika]	clavo (m)

nota (en)	['nʊta]	cuenta (f)
nudlar (pl)	['nʉːdlʲar]	tallarines (m pl)
nypressad juice (en)	['nyˌprɛsad 'juːs]	zumo (m) fresco
oliver (pl)	[ʊ'liːvər]	olivas, aceitunas (f pl)
olivolja (en)	[ʊ'livˌɔlja]	aceite (m) de oliva
omelett (en)	[ɔmə'lʲet]	tortilla (f) francesa
ost (en)	['ʊst]	queso (m)
ostron (ett)	['ʊstrʊn]	ostra (f)
oxkött, nötkött (ett)	['ʊksˌɕœt], ['nøːtˌɕœt]	carne (f) de vaca
päron (ett)	['pæːrɔn]	pera (f)
paj (en)	['paj]	tarta (f)
papaya (en)	[pa'paja]	papaya (f)
paprika (en)	['paprika]	paprika (f)
pasta (en), makaroner (pl)	['pasta], [maka'rʊnər]	macarrones (m pl)
paté (en)	[pa'te]	paté (m)
peppar (en)	['pɛpar]	pimiento (m) dulce
pepparrot (en)	['pɛpaˌrʊt]	rábano (m) picante
persika (en)	['pɛɕika]	melocotón (m)
persilja (en)	[pɛ'ɕilja]	perejil (m)
pistaschnötter (pl)	['pistaʃˌnœtər]	pistachos (m pl)
pizza (en)	['pitsa]	pizza (f)
plommon (ett)	['plʲʊmɔn]	ciruela (f)
portion (en)	[pɔː'tʃʊn]	porción (f)
potatis (en)	[pʊ'tatis]	patata (f)
potatismos (ett)	[pʊ'tatisˌmʊs]	puré (m) de patatas
proteiner (pl)	[prɔte'iːnər]	proteínas (f pl)
pudding (en)	['pudiŋ]	pudin (m)
pumpa (en)	['pumpa]	calabaza (f)
rädisa (en)	['rɛːdisa]	rábano (m)
räka (en)	['rɛːka]	camarón (m)
rätt (en)	['ræt]	plato (m)
råg (en)	['roːg]	centeno (m)
röda vinbär (ett)	['røːda 'vinbæːr]	grosella (f) roja
rödbeta (en)	['røːdˌbeta]	remolacha (f)
rödpeppar (en)	['røːdˌpɛpar]	pimienta (f) roja
rödspätta (en)	['røːdˌspæta]	lenguado (m)
rödvin (ett)	['røːdˌvin]	vino (m) tinto
rökt	['røkt]	ahumado (adj)
recept (ett)	[re'sɛpt]	receta (f)
ris (ett)	['ris]	arroz (m)
rom (en)	['rɔm]	ron (m)
rova (en)	['rʊva]	nabo (m)
russin (ett)	['rusin]	pasas (f pl)
sås (en)	['soːs]	salsa (f)
söt	['søːt]	azucarado, dulce (adj)
saffran (en)	['safran]	azafrán (m)
sallad (en)	['salʲad]	lechuga (f)
sallad (en)	['salʲad]	ensalada (f)
salt	['salʲt]	salado (adj)
salt (ett)	['salʲt]	sal (f)
sardin (en)	[sa'ɖiːn]	sardina (f)

selleri (en)	['sɛlʲeri]	apio (m)
senap (en)	['se:nap]	mostaza (f)
servitör (en)	[sɛrvi'tø:r]	camarero (m)
servitris (en)	[sɛrvi'tris]	camarera (f)
sesam (en)	['sesam]	sésamo (m)
sill (en)	['silʲ]	arenque (m)
skal (ett)	['skalʲ]	piel (f)
sked (en)	['ɧed]	cuchara (f)
skinka (en)	['ɧiŋka]	jamón (m)
skinka (en)	['ɧiŋka]	jamón (m) fresco
skiva (en)	['ɧiva]	loncha (f)
skogssmultron (ett)	['skʊɡsˌsmulʲtrɔ:n]	fresa (f) silvestre
småkakor (pl)	['smo:kakʊr]	galletas (f pl)
smör (ett)	['smœ:r]	mantequilla (f)
smörgås (en)	['smœrˌgo:s]	bocadillo (m)
smak (en)	['smak]	sabor (m)
Smaklig måltid!	['smaklig 'mo:lʲtid]	¡Que aproveche!
smula (en)	['smulʲa]	miga (f)
snabbkaffe (ett)	['snabˌkafə]	café (m) soluble
socker (ett)	['sɔkər]	azúcar (m)
soja (en)	['sɔja]	soya (f)
solrosolja (en)	['sʊlʲrʊsˌɔlja]	aceite (m) de girasol
soppa (en)	['sɔpa]	sopa (f)
spagetti	[spa'gɛti]	espagueti (m)
spannmål (ett)	['spanˌmo:lʲ]	cereales (m pl)
sparris (en)	['sparis]	espárrago (m)
spenat (en)	[spe'nat]	espinaca (f)
squash, zucchini (en)	['skvɔ:ɕ], [su'kini]	calabacín (m)
stör (en)	['stø:r]	esturión (m)
stekt	['stɛkt]	frito (adj)
stekt ägg (en)	['stɛkt ˌɛg]	huevos (m pl) fritos
stensopp (en)	['stenˌsɔp]	seta calabaza (f)
svamp (en)	['svamp]	seta (f)
svart kaffe (ett)	['svaːʈ 'kafə]	café (m) solo
svart te (ett)	['svaːʈ ˌte:]	té (m) negro
svarta vinbär (ett)	['svaːʈa 'vinbæ:r]	grosella (f) negra
svartpeppar (en)	['svaːʈˌpɛpar]	pimienta (f) negra
sylt (en)	['sylʲt]	confitura (f)
sylt, marmelad (en)	['sylʲt], [marme'lʲad]	confitura (f)
sylt-	['sylʲt-]	marinado (adj)
tårta (en)	['to:ʈa]	tarta (f)
tallrik (en)	['talʲrik]	plato (m)
tandpetare (en)	['tandˌpetarə]	mondadientes (m)
te (ett)	['te:]	té (m)
tefat (ett)	['teˌfat]	platillo (m)
tesked (en)	['teˌɧed]	cucharilla (f)
tillbehör (ett)	['tilʲbeˌhør]	guarnición (f)
tomat (en)	[tʊ'mat]	tomate (m)
tomatjuice (en)	[tʊ'matˌju:s]	jugo (m) de tomate
tonfisk (en)	['tʊnˌfisk]	atún (m)
torkad	['tɔrkad]	seco (adj)
torsk (en)	['tɔ:ʂk]	bacalao (m)

tranbär (ett)	['tran‚bæ:r]	arándano (m) agrio
tuggummi (ett)	['tug‚gumi]	chicle (m)
tunga (en)	['tuŋa]	lengua (f)
våffle (en)	['vɔflʲe]	gofre (m)
valnöt (en)	['valʲ‚nø:t]	nuez (f)
vatten (ett)	['vatən]	agua (f)
vattenmelon (en)	['vatən‚me'lʲʊn]	sandía (f)
vegetabilisk olja (en)	[vegeta'bilisk 'ɔlja]	aceite (m) vegetal
vegetarian (en)	[vegetiri'an]	vegetariano (m)
vegetarisk	[vege'tarisk]	vegetariano (adj)
vermouth (en)	['vɛrmut]	vermú (m)
vete (ett)	['vetə]	trigo (m)
vilt (ett)	['vilʲt]	caza (f) menor
vin (ett)	['vin]	vino (m)
vinglas (ett)	['vin‚glʲas]	copa (f) de vino
vinlista (en)	['vin‚lista]	carta (f) de vinos
vitamin (ett)	[vita'min]	vitamina (f)
vitlök (en)	['vit‚lʲø:k]	ajo (m)
vitvin (ett)	['vit‚vin]	vino (m) blanco
vodka (en)	['vodka]	vodka (m)
whisky (en)	['viski]	whisky (m)
wienerkorv (en)	['viŋɛr‚kɔrv]	salchicha (f)
yoghurt (en)	['jo:gʉ:t]	yogur (m)